速読日本一が教える

すごい読書術

短時間で記憶に残る
最強メソッド

角田和将
Tsunoda Kazumasa

ダイヤモンド社

はじめに

一流のビジネスパーソンは本の読み方を知っている

私は学生の頃から、まったく本を読まない生活を送っていました。

国語の成績は下から数えたほうが早いほどの劣等生だったので、本を読んでいると、国語のイメージと重なり、勉強をさせられている感覚に襲われて、イヤなイメージしか思い浮かばなかったのです。

さらにインターネットの普及に伴い、わからないことはすぐに調べられる環境になったので、自分から本を読もうと思うことは「もう生涯ないだろう」と思っていました。

しかし、**そんな私が速読日本一になってしまった**のです。

きっかけは、私の弱気な性格に付け込んできたマンションの営業です。手取り17万円の私がマンションを買わされ、住宅ローンを組んだことで、お金に対する不安が一気に押し寄せてきたため、お金の勉強を始めました。

勉強をしていくうちに、投資家の先生から500ページを超える課題図書を出されました。本を読むことに抵抗のあった私は、多忙な仕事の隙間時間でサッと読み切り、きちんと覚えていける方法がないかと探し、「速読」と出合ったのです。

「速読」には、いろいろな利点がありました。

本を速く読めることはもちろん、積極的に読みたいとは思わない本をストレスなく読めるようになったこと、1冊を読み切れるようになったこと、数えあげたらきりがありません。

なかでも、一般的な読み方とは違う読み方（速読）をすることで、国語の勉強とイメージが重ならなくなったことがとても大きかったのです。

お金の勉強の一環で、投資家や実業家などの成功者や年収数千万円クラスの方々にお会いしたこともありましたが、**成功している方に共通していたのが「本を読まない人がいない」こと**でした。

そして、成功している方の本の読み方は、学生のときに国語で習った読み方とは違うものだったのです。

国語のテストを例にすると、「最も適切な答えを選びなさい」という設問が、「自分にとって、最も適切な答えを選びなさい」という設問になっていて、その答えを見つけるような読み方になっているのです。

「速く読む技術」は誰でも身につけられる！

「速読」といっても、難しいものではありません。特に私が考える速読は、新しいことを習得するのではなく、言葉を言葉として認知できれば、すでにできていることを応用するだけでできます。元々できていることをするだけなので、「再現性」も非常に高いものです。

本書では、学生時代に学んできた本の読み方が、いかに社会では通用しないか、また、社会で通用するための本の読み方があることを紹介していきます。

これもすべて、速読を極めた先に見つけられたものばかりです。

ゆっくり丁寧に読んでも、本の内容は覚えられません。ましてや、著者の知恵を自身のスキルに変えることなど、到底できません。

速く読むことで、情報のピックアップを洗練させ、気づきや閃《ひらめ》き、自身が成長するきっかけをつかむことができます。

「速く読んで、覚えられる」の本質は、速く読んで、自身に必要な情報を取り出すことです。

成功者がそれをできるのは、本を活かす「環境」と「経験」があるからです。「環境」と「経験」のレベルを上げていくことで、本を活かすことができます。

その環境と経験もまた、本を使って簡単に手に入れられる方法があるのです。

「速読」の教室以外にも、エグゼクティブ向けの読書の研修を行っています。参加者は学生ではなく、一流のビジネスパーソンです。

彼らは「本」をたくさん効率的に読んで、「環境」を変えて、「経験」を増やし、自身の成長に変える手段を探しに来ているのです。

私自身も、多くの本を読むことができるようになり、お金に関するスキルはもちろん、会社員としての仕事のスキルも向上し、昇進昇給やヘッドハンティングを受けるほどになりました。お金の不安も解消され、独立、起業し、今、こうして、速読を教える立場になったのも、本を活かせたからです。

何もなかった普通の私が、本を100％活用し、人生を変えられたのですから、今、この本を手にしているあなたにできないはずがありません。

終章では、私が教える速読から読書術までを極めた人が、どういう人生を手に入れたかを紹介しています。

序章では速く読んで覚えられる本質を、第1章では社会人のための読書術を公開します。第2章は、1冊の本を超スピードで自身の能力に変えるためのノウハウを紹介します。

本は、はじめから読むことを推奨していません。特に「速読」に触れたことのない方は第2章から読んで、読書術の「答え」を先に知って、第3章「速読を極めて情報収集力を上げる」、第4章「本の価値を最大化し、自身のスキルに変える」のテクニックで一生ものの読書術を一気に身につけてしまってください。

そして読み終わった後も実践していくなかで不明点が出てきたら、序章、第1章を含めて、またこの本を読み返してください。

本書を読み終え、この読書術を実践していただければ、あなたの人生はより豊かなものになります。さあ、本が持っている力を引き出すスキルを使って、まだ見ぬ読書の世界の扉を開けましょう！

速読日本一が教える

すごい読書術

短時間で記憶に残る最強メソッド

目次

序章

なぜ速く読んでも覚えられるのか？

第1章

社会人の9割が知らない本当の読書術

第2章

最速・最短で読書をモノにする4つのポイント

第3章

速読を極めて、情報収集力を上げる

第4章

本の価値を最大化し、自身のスキルに変える

終章

読書のスキルで、人生が変わる

イラスト● Leremy / nubenamo / Inga Linder / Volodymyr Leus / Shutterstock

序章

なぜ速く読んでも覚えられるのか？

1回読んでも覚えられないなら速く読んだほうが圧倒的にいい

私は普段、速読を教えていますが、「速く読んで、本の内容が頭に残っているものですか?」と、よく聞かれます。

では、「遅く読んで、本の内容が頭に残っているものですか?」と逆に尋ねてみると、いかがでしょうか。

まず、前提として、速読とは文字通り速く読むことであって、「覚える」こととは別物です。

たとえば、1冊の本を読みはじめ、後半部分に差し掛かったところで「前半部分に何が書いてあったか思い出して」と言われたら、おそらく大半の人は何が書いてあったか、すべてを思い出すことはできないでしょう。時間が経てば経つほど、内容を忘れていくのは自然なことだからです。

遅く丁寧に読んでも、普通に1回読んでも、100%覚えることはできないのです。

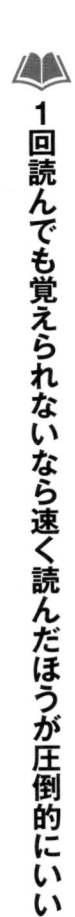

２０１６年2月19日に「速読は実は不可能だと科学が実証」という記事がLifehackerに掲載されました。

記事には、「現存する科学的根拠によれば、速度と正確さには反比例の関係があり、読み手が読むべき文章にかける時間が短いと、その分だけどうしても理解が劣ってしまいます」と、ありました。

「速く読めば読むほど理解は落ちる」から速読は不可能だと論じているのですが、速度と正確さに反比例の関係があるということは、遅く読めば読むほど理解は上がるはずです。

しかし、そもそも読んだ情報が頭に残っていなければ、文章に対する理解を深めることはできず、冒頭の質問の例と比較して考えると、少なくとも読書という分野においては、まったくそんなことはないのです。

読書に限れば、「読書速度」と「頭に残っている情報量」との間には、そもそも関係性などないのです。

読書速度と頭に残る情報量に関係がないのであれば、速く読んだほうがいいし、「忘れる前に読み返す＝忘れない」と考えれば、むしろ速いスピードで読んだほうが何度も読め

遅く読むより、速く読むが正解

×

遅く丁寧に読めば理解は上がる

「読書速度」と「頭に残っている情報量」との間には、そもそも関係性などない

○

速いスピードで読んだほうが頭に残る情報量は増える

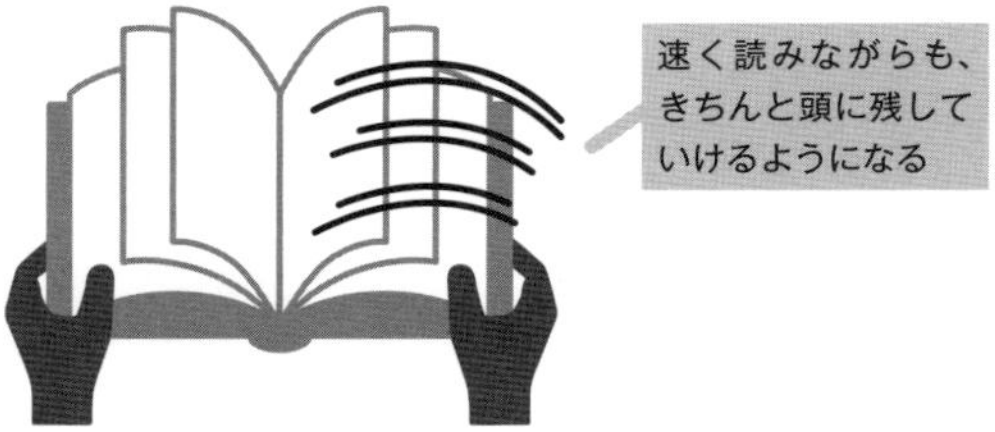
速く読みながらも、きちんと頭に残していけるようになる

**ゆっくり読んでも100％覚えられないので
速く読んだほうが効率的である**

るので、頭に残る情報量は増えるのです。

「文章を読む」行為と、「文章を頭に残す」行為は、文字も違うように、違うアクションとなります。

文章を読んでいるときは、文字情報を自分なりのイメージに変換する処理を行っています。その処理能力を高めると、速く読みながらも、きちんと頭に残していけるようになるのです。

まずは「全体を先に見渡す」ことで覚えをよくする

今でこそ私は速読を教えていますが、昔は、私自身も読むのが非常に遅く、本を読むことがあまり好きではありませんでした。

社会人になってからも、職業がシステムエンジニアだったこともあって、調べ物はインターネットが基本でした。本を読む機会は減り、本を読もうとすると、ページを開くだけでうんざりとした気持ちになっていたのです。

上司から「マンガ版なら読めるだろう」と言われて本を薦められたときも、その本を見て「結局文字だらけで、絵はただ会話している人が書かれているだけじゃん！」と数ページ読んで投げ出したこともありました。

無理にでも読まなければならない教材やマニュアルのような本は、数ページ読んだだけで集中力が切れてしまい、1冊を読み切ることはまずありませんでした。

当時の私を含め、読むのが遅い人によく見られるアクションの一つに、1ページ1ページをしっかり覚えようと思いながら読もうとする癖があります。

1ページ目から読み始め、3ページ先あたりまで読み進めたところで、「前のページに書いてあった内容、何だったっけ？」と思って、また1ページ目から読み返す。読んでいる途中でいろんなことを考えてしまい、また1ページ目に戻って読み直して……を繰り返しているうちに、その本は読まなくなってしまい、本自体を読まなくなるという悪循環に陥ってしまうのです。

つまり、読むのが遅いのではなくて、読まずに考えている時間が長くなっているだけなのです。

私自身、速読を実際に学んで、1冊を読み切れるようになったときに気づいたのですが、本の前半部分だけ読んでもなかなかピンと来ない場合があります。

これは本の構成が原因です。

たとえば、脳の特徴を活かしたメソッドが書かれている本があるとします。読み手によっては、「メソッドがわかればいい」と思う人もいれば、「なぜそのメソッドがいいのか」について納得しないと実践できないと思う人もいます。

後者の読み手のことを考えると、前半に理論的な脳のメカニズムの話をしたうえで、その話を前提条件としながら、後半にメソッドの話を書く必要があります。

しかしその文章を前者の読み手が、脳のメカニズムから読み始めると、何の話をしているのか、ピンと来なくなってしまうのです。

この場合は、**1冊全体を見渡した後で、再度前半部分を読み返してみると、わかりにくいと思っていた前半部分の内容と、結論のメソッドを関連付けながら読むことができるので、内容が理解しやすくなる**のです。

読むのが速い人がやっていること

読むのが遅い人

1ページ1ページをしっかりと覚えようと読む

読まずに考えている時間が長くなっている

読むのが速い人

1冊全体をまず見渡す

一読したのち、前半部分を読み返すと、
わかりにくかったところが理解できる

1ページ1ページをしっかり読もうとせずに、
1冊を速く読み切る感覚を身につける

読むのが遅いと悩んでいる人は、「木を数えて林を忘れる」状態になっていて、1本の木にとらわれすぎていると、林全体が見えず、その本全体を通して伝えたいこと、本質的な考え方が理解できない状態になってしまうのです。

私が考える**「理解」とは、「気づきや閃きを得ること」**です。

本にある言葉や文章から自分の中でイメージをつくり出し、そのイメージから何か気づきや閃きを得ることによって、解決案が思い浮かんだり、新しい考え方を学んだりすることができるのです。

この気づきや閃きをより多く得るためには、一つひとつの木を見ていくよりも、林を見渡しながら、自分が気になる木を詳しく調べていくほうが速く、より多くの理解を得ることができます。

まず林を見渡すためには、1冊を速く読み切る感覚を身につける必要があるので、ただ速く読もうとするだけでも十分意味はあるのです。

イメージから「言語化」ではなく、「アクション」がいい

「ただ読むだけではなく、きちんとアウトプットすること」は非常に重要です。

ただ、アウトプットというと、多くの人はそれを書き出すようなことを想像するのではないでしょうか。

もちろん、そのアウトプット方法自体に問題はありませんし、私自身もやっていることです。しかし書き出すことはアウトプットの全過程ではなく、あくまでも一過程に過ぎないのです。

理解力を上げるには、「環境」と「経験」が重要な要素になります。

本に書かれていることをそのまま言葉でアウトプットしても、自分の現在のレベルを超える理解にはならない可能性が高いのです。

自己成長のために活用する読書として考えるならば、「環境」と「経験」の要素も高めていく必要があるのです。

つまり、**言語から変換されたイメージを元に「アクション（行動）」を起こしていくアウトプットを心がけたほうが、より高い理解力を得る**ことができます。

具体的な方法は第3章、第4章で説明していきますが、本を読むことによって自分に足りないものに気づくことができ、リスクを回避した行動イメージをつくることによって、行動が起こしやすくなるのです。

私はドラゴンクエストの大ファンで、いつも新作を楽しみにしています。昔は新作の発売が決まると、詳細情報がゲーム情報誌に掲載されていたので、それを読みながら「どのようにキャラを育てていこうかな」といった想像を膨らませていました。

そして、ゲームを始めると、想像以上にボスキャラが強く、全滅……。このときはじめて「どういうキャラを使って、どういう戦略で挑めばいいのか？」と考えることができるようになり、ゲーム誌を読み返していきながら攻略法を探るのです。

これはゲームの世界だけではなく、実世界でも同じです。

再度本を読んでいくと、行動する前に読んだときには気にならなかった文章が、環境や

「本×環境×経験」で、理解力を上げる

読書をゲームでたとえる

1

攻略本を読む ＝本を読む

ゲーム情報誌に掲載されている詳細情報を得る

2

ゲームして全滅する ＝失敗する

想像以上にボスキャラが強く、うまくいかない

3

攻略本を読みなおして、戦略を練る
＝本を読み直して、最善策を探す

「どういうキャラを使って、どういう戦略で
挑めばいいのか？」を考えるようになる

**再読すると、行動前に気にならなかった文章が、
環境や経験値が変わったことで、
目に留まる機会が増え、知恵を生み出せる**

経験が変わったことによって、目に飛び込んでくるようになります。文章をイメージに変換する際、その変換の広がりの幅や深さが変わるからです。そこに変化が生まれると、気づきや閃き、キッカケなどが同時にイメージされやすくなり、「知恵」が生まれやすくなるのです。

さらに、その知恵を元に行動を起こしていくと、周りの環境や経験値がもっと大きく変化していき、自分自身をより高めていくことができるようになります。

このように**「本×環境×経験＝理解力」**という読書の方程式をふまえて、それぞれの要素を高めていくことによって、直面する課題を解決し、自己成長の幅をより広げていくことができるようになるのです。

速く読んで、理解力を高めて、結果を出す

このようにして、「本×環境×経験」の掛け算をしていき、理解力を高めていきます。

書いてある内容を自分に置き換えて、課題解決に向けたアクションイメージをより鮮明に描きながら本を読み進めることができるのです。そして、アクションに移すときの不安感

が解消されて行動力を上げることもできます。

また、**本を読むスピードが速くなることで、実際に行動するための時間が生み出されます。**

自己成長につながるアクションを起こすためのイメージが描け、さらにそのアクションを起こす時間も確保できるようになると、さまざまな効果が期待できます。

まず、**集中力が切れる前に1冊を読み切れるようになる**ことです。

本に書かれている文章をそのまま覚える必要はないことを知ったので、1冊を読み切ることが楽になり、読み切った達成感を味わう頻度が増えます。

そして、「1冊を読み切ることができる」自信がついてくるにつれて、一見難しそうに見える本を読むことに対する精神的なハードルが下がってきます。「難しそう……」と思って、今まで避けてきた本を手に取るようになれば、あなたの見識はさらに高まるでしょう。

高まった見識と、それに対する周囲の環境変化や経験の蓄積が掛け算されることによって、本に書かれている内容をしっかり覚えることが可能になります。

また、**速く読むことが習慣になると、時間感覚が鋭くなってきます。**

速く読もうとすると、時間を意識するようになり、本を読んでいるときはもちろん、仕事の作業時間や日常生活での隙間時間にも意識が向くようになります。

「同じ時間でも、より生産性の高いやり方はないか？」とか「電車の待ち時間でできることはないか？」など、時間を有効活用しようとする意識が生まれます。

それが、本、環境、経験、それぞれの要素を高めるために必須となる、アクションに変えていくための時間リソースを生み出すことにつながるのです。

もちろん、イメージした疑似体験によって、行動に変える不安感も薄れている状態になり、かつ時間的な余裕も感じられる状態になると、メンタル面でかなりの余裕が生まれます。アクションの質も高まり、「本×環境×経験」はさらに加速していきます。

このように、**速く読むことによって、結果的には記憶に残す**ことができます。

さらに読んだ内容を活かすために考え、実際にアクションに変える時間も生み出すことができるので、あなたが抱えている問題や課題を解決し、自分をさらに高めていくことができるようになるのです。

本の読み方をレベルアップさせる

ステップ 1

書いてある内容を自分に置き換える

- 課題解決に向けたアクションイメージをより鮮明に描きながら本を読み進めることができる
- アクションに移すときの不安感が解消されて行動力が上がる

ステップ 2

本を読むスピードを速くする

- 実際に行動するための時間を生み出す

ステップ 3

1冊読み切る

- 集中力が切れる前に1冊を読み切れるようになる
- 今まで避けてきた本を手に取るようになれる
- 本に書かれている内容をしっかり覚えられる

ステップ 4

時間感覚が鋭くなる

- 時間を有効活用しようとする意識が生まれる
- アクションに変えていくための時間リソースを生み出す
- メンタル面でかなりの余裕が生まれる

**速く読むことによって、結果的に記憶に残る。
抱えている問題や課題を解決し、
自分をさらに高めていくことができる**

第1章

社会人の9割が知らない本当の読書術

本を活かす人はなぜ同じ本を読むたびに感想が違うのか？

同じ本を読んだとしても、あなたが本を読んだ後の感想と、あなたの上司や同僚、友人が述べる感想には、違いが出るものです。他の人に感想を聞くと、「そんな考え方があるのか」と思うことが多いのではないでしょうか。

実際、本を読むことが文字情報をイメージ情報に変換することだと考えると、その変換方法に違いがあれば、アウトプットされる内容が変わるのは自然なことです。

たとえば、次の一文を見たときに、皆さんはどんなイメージを思い浮かべるでしょうか。

「大きい目の美しい女性が立っていた」

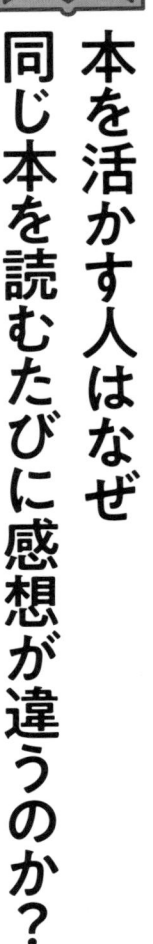

「目が大きい美人」をイメージする人もいれば、「身長の大きい目がキラキラした女性」をイメージする人もいます。どちらも正しいです。

ここで重要なことは、同じ文章を見ても、文章から変換されるイメージ、つまり理解している内容は人によって変わるということです。

もしあなたの身近に「目が大きい」女性がいたとしたら、その人がベースとなった女性像がイメージされやすくなります。

また、もしあなたの好きな女性のタイプが背の高い女性だとしたら、それをベースとした女性像がイメージされたことでしょう。

つまり、言葉や文章からイメージに変換するときに使われている元ネタは、自分自身が普段触れている環境や過去の経験と関連しているものなのです。

複数のイメージを思い浮かべる

あなたの周りにいる人が、自分と違うイメージを想像するのは、こうした身の回りの環境や経験に違いがあるからなのです。

「本を活かす人はなぜ同じ本を読むたびに感想が違うのか？」の真意はここにあります。**本を活かしている人ほど、複数のイメージを思い浮かべることができます。**本を読んで自分に置き換えたときに思い浮かぶ行動イメージが増えることで、「これならできそう」と思える選択肢が見つかりやすくなります。「これならできそう」と思ったことを実際やると、経験値がさらに増えるのです。

本に書かれている文章を解釈する際、過去の経験や周りの環境を基にしながらつくられるイメージは人それぞれで、著者が伝えたいイメージとズレることがあっても不思議ではありません。

しかし読書を通じて、著者目線になるべく近い状態で疑似体験をすることによって、今まで理解できなかったことに気づくことができるようになる。これこそが読書をする本来の目的なのです。

同じ本を読んでも感想が異なる理由

言葉や文章からイメージに変換してみる

例：大きい目の美しい女性が立っていた

**環境や経験の違いでイメージは変わる。
本を活かしている人ほど、複数のイメージを
思い浮かべることができる**

学校で習った読書術は、社会では通用しない

読書の仕方については、ほとんどの人が学校で習ったと思います。いわゆる黙読で、頭の中で音読をするような感じで1文字ずつなぞり読む方法です。

おそらく大半の人はその読み方で、幼少期から今までずっと来ているのではないでしょうか。

確かに黙読自体は必要なことです。言葉そのものが持つ感覚的な部分を感じ取り、話し方やコミュニケーションスキルに活かすなど、役立つところがいろいろあります。

しかし社会人になってから、仕事上の文書やスキルアップにつながる本をなぞり読んでいると、学生時代以上に多忙なため、読み切れない状況が増えていきます。

ただ時間がなくても、きちんと読み切り、結果も出しているビジネスパーソンは存在しています。

彼らは、学校で習った黙読とは異なる、社会人に求められる本の読み方をしているのです。

学校のテストに出る問題は、基本的に教科書に書かれている内容から出題されます。特に定期テストは、教科書といってもさらに限定された範囲からしか出題されないので、じっくり時間をかけて読むことができます。

そのため、教科書の出題範囲をじっくり読みさえすれば、テストは何とかパスすることができるのです。

しかし社会人の場合、大半の人は時間をかけて本を読んでいる余裕がありません。

さらにいえば、本を読んだところで、そこにビジネスの課題の答えが具体的に示されていることはまずなく、学生時代のように本の内容を丸暗記したところで無意味でしょう。

マニュアルのような手順書でさえも、それを丸暗記しても、マニュアル作成者が求める作業品質には必ずしもならないのです。

つまり社会人には、学生時代から慣れ親しんだ読み方とは異なる読書術が求められるのです。

行間を読み取った作業ができる

では、具体的にどのような読み方をすればいいのでしょうか。

それは本の内容を起点に**「どれだけ本に書かれている文章と違うことを思い浮かべられるか?」に重きを置くこと**です。

たとえば給料がなかなか上がらず、お金のことで悩んでいる人が、『史上最強の投資家バフェットの教訓』を読んだとします。

本には、「投資も仕事選びと同じ」という一文が載っています。それを見て、給料が上がらない原因は自分の会社の利益が少ないからだと気づき、給与以外でお金を増やすために投資の勉強が必要であること、投資の勉強を通じて、より経済性で優れた会社を探し出して転職することといった、収入面での悩みを解決するキッカケを得ることができます。

そして『バフェットの教訓』を閉じ、株の勉強の一環として業界ニュースも見るようになり、たまたま「大塚家具、経営危機」という記事を見かけたとします。

元々、高級路線で経営していたところから、大衆路線にビジネスモデルを変えたことによって、一時は業績が上向いたものの、長くは続かず、苦戦しているという主旨の記事です。

その後、再度『バフェットの教訓』を読み返してみると、「商品を大衆化して儲けを増やすのは簡単だが、大衆路線から高級路線へ戻るのはむずかしい」というページがあります。大塚家具の経営状況とイメージを関連付けながら読み進めることによって、最初に読んだときよりも深い理解が得られるようになるのです。

このように、本の内容と、これまでに経験してきたこと、周りの環境を掛け合わせることによって、ビジネスの問題や課題に対する解決のヒントを見つけることができるようになります。

また、ノウハウやメソッドが紹介されている本であっても、「なぜそのメソッドをやる必要があるのか」、「普段やっている作業や関係者、組織等に対して、どういった影響を及ぼすのか」など、内容の本質が見えてくるようになり、本には記載されていない「行間」を読み取った作業ができるようになるでしょう。

本の内容から問題解決のヒントを探す

例：『バフェットの教訓』を読む

「投資も仕事選びと同じ」という一文を読む

給料が上がらない原因に気づき、投資の勉強の必要性や、転職など、収入面での悩みを解決するキッカケを得る

業界ニュースを見る

高級路線から、大衆路線へビジネスモデルを変えたことで、苦戦している企業の記事が気になった

本を読み返す

「商品を大衆化して儲けを増やすのは簡単だが、大衆路線から高級路線へ戻るのはむずかしい」という一文が目に留まり、最初に読んだときよりも深い理解が得られるようになる

本、経験、周りの環境を掛け合わせることで、ビジネスの問題や課題に対する解決のヒントを見つけることができる

読みたい本、読みやすい本を読む

国語嫌いだった人には、「読書＝勉強」と反射的にイメージして、読書を敬遠している人も多いかもしれません。しかし、まったく心配はいりません。それは学生時代の読書に惑わされているだけです。

社会人になると、資格試験のような場合は確かに「読書＝勉強」となりますが、むしろそれ以外で読書が必要となる場面が多くなり、読書＝勉強となることは少なくなるからです。

社会人にとって読書をする目的は、自分が抱えている問題や課題を解決すること、もしくは自分自身をさらに成長させることです。

過去の事例や抜きん出たノウハウなどを知ることだけが目的ではなく、それを通じて自分自身が抱えている問題を解決し、自分自身をより成長させたいと思うから本を読むのです。

自分にとっての良書を見つける

学生時代の読書とは違い、読む本は特に制限を設ける必要はありません。

会社から指示されて読まなければならない本や、「著名人の○○さんがお薦めしている本だから」といった、「読む気がしない」と思っている本を読もうとすると、負の感情が生まれます。読みたくないと思うので読む時間が減り、読み切れない結果となります。


社会人の本の選び方で最も重要なことは、課題解決や自己成長という目的を果たすことに関係しそうな本の中から、**自分が読みたいと思える本を選ぶこと**です。

目的に関連しそうな本であればなんでもいいので、いくら名著中の名著で有名な本だとしても、分厚くて難しそうに見えるものを無理して選ぶ必要はないのです。

たとえば会社に入って、社員研修の一環で『7つの習慣』を読まなければならなくなったとします。

その本を見たときに「難しそう……。読む気がしない」と思ったのなら、マンガ版や図解版から読み始めていくのでも、何も問題はないということです。

そしてマンガ版や図解版で、あらかじめイメージを自分の頭につくってから原作を読み始めると、言葉や文章からイメージに変換することがスムーズになるため、速く読んでも比較的「読める」感覚が維持できるようになります。

速く読むことで1冊を読み切ることができるようになると、1冊の書籍を読み切ったという達成感を味わうことができます。

その達成感を味わい、読書＝勉強という感覚がなくなってくると、「この本、難しそう……」と見た目で思うような本であっても、「とりあえず読んでみよう」という意識に、自然と切り替わるようになってくるのです。

つまり、**本を選ぶときはイメージがしやすいと自分が感じる本を選んでいけばいい**のです。

書店で自分に合う本を見つける

では、自分が何を読めばいいかわからないときに本を探すにはどうすればいいのでしょうか。

まず書店に行き、本を手に取って、全体をパラパラめくって見てみます。

そうすると、見出しや重要箇所を太字にしている部分をはじめとして、いろいろな言葉が目に入ってきますが、そこに気になる言葉がないかを探すという意識を持ちながら見るようにしてください。

すでに抱えている課題が明確になっている場合は、自然と関連する内容のページに目が行きますので、内容によっては、その部分を読んだだけで課題解決につながることもあります。

もちろん、課題が明確になっていなくても、パラパラめくるように速いペースでページを見ていると、頭の中でいろいろ考えることができない状態になるので、無意識に自分にとって必要なことや興味のある内容に目が留まりやすくなります。

あくまでも**「読む」のではなく、「探す」目線を持つことがポイント**です。

次に、気になる言葉があったページの一節を普通に読んでみます。読んでいるときは、何をすれば課題を解決できるのかイメージが湧きやすい本かどうか、もしくは文章で説明されている事柄や具体例が自分にとってイメージしやすい本かどうかを確認していくようにしましょう。

たとえば独立、起業して、会社組織をつくっていくなかで悩みを抱えている人が、『失敗の本質』を読んだとします。

この本は第二次世界大戦の日本軍を例に、文字通り失敗の本質を分析していくという内容です。名著の一つとして有名な本ではありますが、日本史があまり好きではない人にとっては読みづらいかもしれません。

売れている本や有名な本と自分に合う本は、必ずしも一致しないことがあるのです。

あくまでも優先すべきは「今の自分をより成長させることができるのか？」「今、直面している課題が解決できるのか？」なので、その**目的にかなう本を、自分が読みやすいと感じる本、イメージがつくりやすい本から選ぶ**ようにしましょう。

自分のレベルを超えている本を読む方法

まったく知らない分野の本を読むとき、単語の意味などがわからず、普通に読んでも読めないことがあります。初めて読む分野の本を理解するためには、最低限の知識が必要です。

もし「本×環境×経験」という掛け算の「環境」または「経験」を先に積み上げる手段がある場合は、それらを先に積み上げてしまうのも一つの手段でしょう。

たとえば、今まで商品開発をやってきた人が営業部門に異動することになったとします。商品開発の部署にいると、商品や開発に関する技術に詳しくなることが求められますが、営業では、お客様業務に関するスキルや業界知識に詳しくなる必要があります。部署によって「違い」があるのです。

このようなときは、顧客先への訪問回数を増やして、会話量を増やしていくと、お客様が実際にやっていることをベースに基礎知識を高めていくことができます。

さらに「新しく配属になったばかりでして、この業界を知るのにいい本はありますか？」

と聞いて、教えてもらうことができたら、その本を活用していくのが理想的です。

現場をベースにした知識を復習することが可能になるので、イメージを思い浮かべやすく、記憶に定着しやすくなります。

もちろん会話をしているなかで、わからないことはたくさん出てきますが、そのときはインターネットで調べながら進めても問題ありません。

まったく初めて取り組むときに本を読んでも、断片的な知識にしか目が向かず、知りたい情報を本から探すのは大変だからです。

「鹿を逐《お》う者は山を見ず」という言葉がありますが、断片的な知識（鹿）に気を取られないように、インターネットでピンポイントに知識を蓄えてから本を読む（山に入る）ことで、より速く全体を見渡せるようになります。

昔は知らないことを調べるのには本を使うしか手段がなかったのですが、今はインターネットのほうが知りたい情報をすばやくピンポイントで探し出すことができます。

基礎レベルの知識はこのように蓄えていきます。同時に経験を積んでいくことによって、体系化された知識がまとまっている本を読んだときに、自分の知識や経験が有機的につながります。すると、行動に移したときのイメージがより明確に描け、より深い理解が得られるようになるのです。

このようにして、普通に読んでも読めなかった内容の本が読めるようになったら、そこから先に読む本は速く読むことに意識を置くようにしてください。

もし、このように事前に取り組むのが難しい場合は、その分野に関する本を10冊、集中的に読み込むのも一つの手段です。

読み方は第3章、第4章で説明する内容に沿って読んでいただきたいのですが、スタート段階で本を読み込んでいくときは、10冊すべてに書かれている共通の内容、本質的な考え方を探るように読んでください。

すべての本に書かれている内容は、その分野の基礎知識である可能性が高いからです。

なお、共通項を見つけるためには、10冊の関連本を連続して読んだほうが、核心を探りやすくなるでしょう。

高速で読み始めると、あなたの脳で何が起きるのかを知る

これまでお伝えしたことを理解したとしても、いざ読書をしようとすると、「覚えなければ……」と反射的に思ってしまう癖は、なかなか取れないでしょう。

学生時代に10年以上繰り返した読み方はもはや習慣化されているので、簡単に変えられないのが普通なのです。

ただその覚えようとする癖を取り、気づきや閃きを探そうとする読み方に変えるコツが、速読にあるのです。

速読といっても、普通に読んでいるときのスピードよりも速く読もうとするだけで十分です。

普通よりも速くというスピードが感覚的にピンとこない方は、集中力が切れる前に1冊を読み切る気持ちで読んでみてください。

本を読むことに慣れていない方は、集中力が切れる前に1章を読み切るくらいのスピードでもかまいません。

「締め切り効果」といわれるものがあります。取り組んでいる作業の終了期限が近づくにつれて、期限に間に合わせようとする心理状態から、その作業に取り組む集中力が高まる現象のことです。

これを読書にも適用して、読む時間に制限を設けて、強制的に集中して速く読もうとする環境にしていくのです。

「自分は読むのが遅い」と思っている方は、**「覚えよう、思い出そう」と考え込む時間をなくすように読んでいくと、今よりも速いスピードで読むことができます。**

これは、急行列車が普通列車より速く目的地にたどり着けるのと同じ理屈です。

どちらの車体もまったく同じなのに、急行列車が普通列車より速く到着するのは、途中で止まらないからです。

それと同じことで、止まらないようにすれば、今より速く読むことは誰にでも可能になるのです。

大事なことなので念を押す意味で繰り返しますが、**社会人の読書は「文章の内容を覚える」ことではなく、「自己成長につながる行動イメージをつかむキッカケを得る」ことが目的**です。

頭に残るかどうかは気にせず、1冊の本の中から徐々にイメージをつくっていくようにしてください。

脳が慣れて、認識できる言葉や文章が増えてくる

速く読もうとすることが習慣化してくると、結果として一度に頭の中に残る情報量も増える可能性が出てきます。

脳は周りの環境に適応しようとする特性があるからです。

たとえば、自動車の免許を取得するとき、必ず皆さんが勉強することの一つに、体感スピードの錯覚に関する内容があります。

これは高速道路を長時間走行し続けた後、一般道に降りたとき、周りの速度が非常に遅く感じるという錯覚です。周りの景色がずっと高速状態で流れることに脳が慣れたことで、起こる現象です。

つまり、**速く読む習慣が身についてくると、高速で文章を読むことに脳が適応しようとしてくるので、そのスピードに慣れるにしたがって、速いスピードで読んでいても認識できる言葉や文章が増えてくる**のです。

もちろんその認識できる言葉や文章量の増え方に個人差はありますが、繰り返し文中に出てくる言葉や自分が興味のある言葉が、頭に残る感じがしたところで少しスピードを落として読んでみると、今まで以上にハッキリと言葉や文章が目に飛び込んでくるような感覚を得ることができます。

このように、頭に残る情報は増えるようになりますが、あくまでも主体は速く読むことだと考えてください。

現代は、情報の記憶に時間をかける時代ではありません。何か調べたいことがあるならば、インターネットで検索するほうが速く、しかもピンポイントで知りたい情報を多くのサイトから探し出すことができます。

そんな時代において**本を読む意味は、「抽象的に何となくモヤモヤしている悩みを解決するためのキッカケを得て、解決に向けた行動イメージにつながる知恵を生み出す」こと**にあります。

そして知恵を生み出すためには、周りの環境を変えたり、より多くの経験を積む必要があり、そのための時間が必要です。

文章を高速で読んで頭の回転を高速化し、今までよりも文章を速く読むことで生み出された時間を、経験を蓄積し、環境を変えることに使うのです。

脳の能力を最大限に活かした読書術

時間を決める

読む時間に締め切りを設けて、強制的に集中して速く読もうとする環境にしていく

速いスピードに慣れる

速いスピードに脳が慣れることで、頭に残る情報は増えるようになる

文章を高速で読んで頭の回転を高速化。
脳がスピードに適応し、
認識できる言葉や文章が増えてくる

なぜ日本人は読む過程で音読するのか

実際に速く読もうとしたとき、「覚えよう」と思うこと以外に、もう一つ弊害となる要素があります。

それは「頭の中で音声化してしまう癖」です。

文章を音声化すると、どうしてもそのスピードには限界があります。音声化は学生時代の国語の授業で、音読をしていたことが原因だと私は考えています。

先にも触れたとおり、特に幼少期における音読それ自体の教育は必要不可欠なものだと思いますが、速く読むことに関していうと、それはブレーキとして作用するのです。

文章そのものを見るスピードの限界と、それを音声化して再生しようとするスピードの限界を比較すると、音声化して再生するほうが遅いからです。


たとえば、この本の1ページを10秒ですべて読み切ることは難しくありませんが、その文章を早口で声に出して音読しようとしたら、1ページ10秒はおろか、20秒でも読み切ることは難しいでしょう。

人が聞き取りやすいペースで話したときに1分間に話す文字数の目安は300文字といわれています。3倍速のスピードで音読したとしても、この本の1ページを読み上げるのに30秒以上はかかってしまう計算になります。

もちろん、もっと速いスピードで音声を倍速再生することは技術的に可能で、今は音声を倍速再生するアプリも数多くあります。

ただ、2倍速くらいならば問題ないものの、4倍速、5倍速とスピードを上げていけばいくほど、音の途切れる部分が多く出てきてしまうのです。

たとえば会話の中にある「おかあさん、ありがとう」という文章を、倍速で再生していくと、「お、さ、り、う」というように、言葉が切れるような部分が出てきてしまい、意味を取ることができなくなるのです。

DVDやハードディスクレコーダーにも倍速再生の機能がついていますが、1.5倍速であれば音声と動画が両方とも再生されるものの、それ以上の速さに上げていくと、動画のみが再生され、音声は再生されなくなるものが一般的です。

このように、音読のスピードを速くしていくことには限界があるのですが、**音声化せずに読んでいくことができれば、より速いスピードで読むことが可能**になります。

「見て理解」する癖がつく

音声化せず、文章内容をどのように把握していけばいいのでしょうか。

それは**文章を「見て理解」しようとする癖をつけていく**ことです。

「見て理解」というと新しいやり方のように思う人もいるかもしれません。しかし、そんなことはまったくなく、多くの人はすでにできていることなのです。

レストランにあるメニュー表を「読ませて」と言う人はほとんどいないと思います。メニュー表は「見せて」と言います。そしてメニュー表に書かれている内容は文字です。つまり、メニュー表を見ているときにやっていることが、文字を「見て理解」している状態なのです。

たとえば「ペペロンチーノ」と書いてあったとしても、頭の中で音声化して「ペ」「ペ」「ロ」「ン」「チ」「ー」「ノ」と1文字ずつ黙読することはまずありません。

その言葉全体を見て、パスタのイメージが思い浮かぶはずです。つまり、これと同じことを文章でやっていけばいいのです。

なお、この「見て理解」する方法ですが、実際に文章でやってみてうまくいかないのは、一度に見る文字数が多すぎることが主な原因です。

ある程度トレーニングすれば一度に見る文字数を増やすこともできますが、まったくトレーニングをしていない人でも、大体7～11文字くらいの文字数であれば、「見て理解」することはできます。先程の例の「ペペロンチーノ」も7文字です。

この「見て理解」する読み方の感覚をつかむための教材としては、新聞がいいです。新聞記事の1行の文字数は紙面にもよりますが、大体11～13文字位になっているので、1行単位で「見て理解」する意識を持ち、目線が縦書きの文章に対して横に動いていくような見方をしていくと、文字数を意識せずに「見て理解」する癖づけができるようになるでしょう。

私自身、速読を習い始めたときに最初にやった、日常生活でできるトレーニングがまさにこれで、当時は日本経済新聞を使って取り組んでいました。

雑誌やメールマガジンなどで、1行に表示されている文字数が15文字前後で改行されているものを使ってもいいでしょう。このくらいの文字数で改行されている文章は、発信している人が「見やすさ」を意識して書いていることが多いからです。

特にメールマガジンのようなオンラインで配信されている文章は、改行位置が固定されないので、「見て理解」しやすい表現になっています。こうした媒体も活用しながら、「見て理解」する習慣をつけてください。

「Twitter のようなミニブログを新聞代わりに使って、取り組んでみるのも有効な手段の一つです。

たとえば「Twitter ですと、投稿できる文字数に140文字という制限があり、一記事を一度に見る範囲がかなり狭い範囲に限定されることから、パッと見て、ある程度の内容を把握しやすい表示になります。

実際に普段使っている人だと、ひょっとしたらすでに「Twitter を「読む」とは言わず「見る」という感覚があるかもしれません。もしそうだとしたら、「Twitter 記事と同じように本の文章も「見て理解」していくようにしてください。

1行単位で「見て理解」する

例：新聞を見る

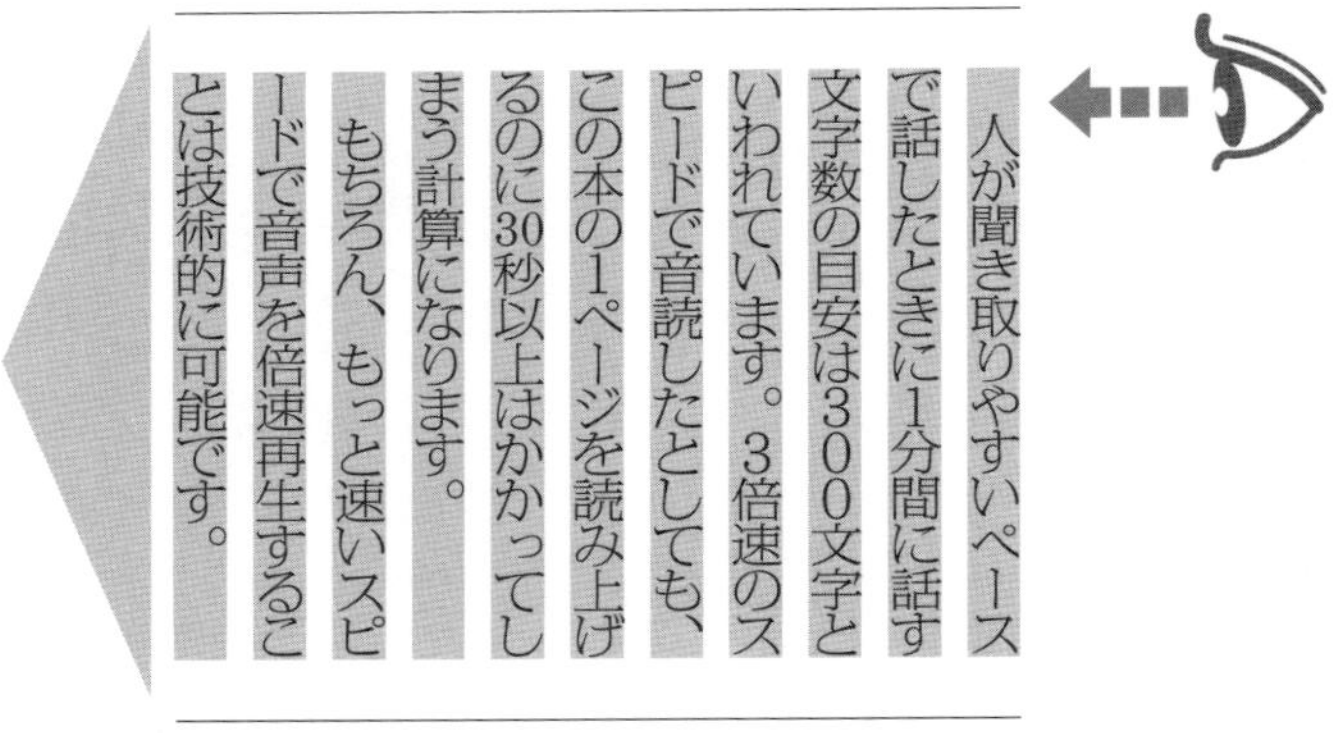
人が聞き取りやすいペース
で話したときに1分間に話す
文字数の目安は３００文字と
いわれています。３倍速のス
ピードで音読したとしても、
この本の1ページを読み上げ
るのに30秒以上はかかってし
まう計算になります。
もちろん、もっと速いスピ
ードで音声を倍速再生するこ
とは技術的に可能です。

１行単位で「見て理解」する意識を持ち、目線が縦書きの文章に対して横に動いていくような見方をしていく

Twitterの投稿を新聞代わりに使って、取り組んでみるのも有効な手段の一つである

1冊を3時間で1回読むよりも、1冊を1時間で3回見る

文章を高速で「見て理解」していくと、どうしても「覚えたい」、「理解したい」という思いが頭をよぎります。

内容を覚えている感覚も、理解している感覚もないまま、ただ文章を読み進めていっても意味がないと潜在的に思っているからです。

先にも説明したとおり、だからといってスピードを落としても覚えられるようになるわけでもなければ、本当の意味で理解できるわけでもありません。では、その固定観念をどのように変えていけばいいのでしょうか。

どのようにしても時間が経過するとともに忘れてしまうのであれば、忘れる前にもう一

度読み返していくより他に方法はありません。

つまり、**反復学習**です。

たとえば、仕事関係の業界フォーラムに参加して、さまざまな人と知り合ったとします。そして数か月後、別の関連イベントに参加したとき、「前に会ったことがあると思うんだけど、この人の名前、何だったっけ……?」となった経験のある方がいらっしゃるのではないかと思います。

でもイベントで知り合って以降、毎日のように会っていたとしたら、数か月経過した後に会っても、その人の顔と名前を忘れているということはまずないです。

何回も顔と名前を確認する場がある、つまり反復学習しているから覚えることができているのです。

反対に、一度会って以来、ずっと会う機会がない人の顔と名前は忘れてしまうほうが自然なのです。

全体から細部へフォーカスしていく

これを読書に置き換えると、**1冊を3時間で1回読むよりも、1冊を1時間で3回見るほうが、記憶に残るページ数は増える**のです。

各ページを一文ずつ読んでいるときの「覚えている感覚」や「理解できている感覚」は、速く読むことによって薄く感じられるかもしれません。しかし、実際は速く読んだほうがより多く記憶でき、より深い理解が得られるのです。速く読むことによって、反復学習する時間をつくり出すことができるからです。

1冊を3回見る読み方を、森林調査でたとえるならば、1回目には森全体を把握します。「北側には桃の木が、南側には梨の木が分布している」というように、個々の木がどうなっているかまでは把握しきれないものの、森全体がどのような木で構成されているのかが把握できる理解度です。

次に、2回目に読んでいくときは、それぞれの木がどのようになっているかを確認していきます。

「北側にある桃の木々が、それぞれどのくらい実をつけているのか？」を把握していくような感じです。

そして3回目に読んでいくときは、木についている実がどのようになっているかを確認していきます。「食べ頃の実がどのくらいあるのか?」を見ていくようにするのです。

実際の読み方に置き換えると、1回目に読むときは目次や見出しを見ながら、どこに何が書かれているかを確認していきます。

2回目に読むときは、それぞれの見出しに対する結論がどこに書かれているのかを確認していきます。このとき、太字で表記されている文章を基準に確認していくのもいいですし、起承転結や序破急、論文形式などの文章構造の型を参考に探していくのもいいでしょう。

3回目に読むときは、本文中でよく使われている言葉を確認していきます。

このように、意識を向ける先を全体から細部へとフォーカスしていくことによって、忘れることなく森全体の詳細まで把握することができるようになるのです。

読むスピードを速くすることによって、反復学習するための時間を確保することが、結果的には記憶や深い理解につながるのです。

1冊を3回見て、記憶量を増やす方法

森林調査でたとえた読み方

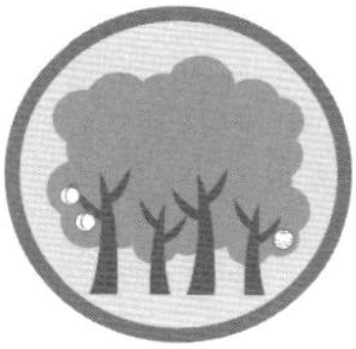

［1回目］

森全体がどうなっているか

目次や見出しを見ながら、
どこに何が書かれているかを確認する

［2回目］

**それぞれの木が
どのようになっているか**

それぞれの見出しに対する結論が
どこに書かれているかを確認する

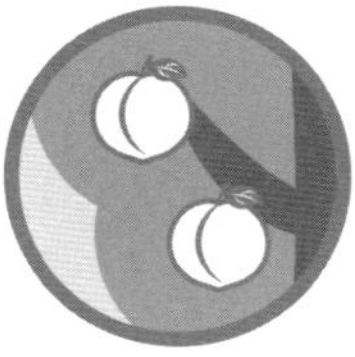

［3回目］

**木についている実が
どのようになっているか**

本文中でよく使われている言葉を確認する

> 1冊を3時間で1回読むよりも、
> 1冊を1時間で3回見ることで、
> 記憶に残る量は増える

聴覚と嗅覚を刺激して、速読モードをつくる

速く読もうとすることは自分の意識の持ち方次第ですし、文字を「見て理解」することもすでにできていることです。あとは長年やってきた黙読の読み方に戻らないようにするだけです。

そこで、なぞり読む癖を「見て理解」に変えやすくする環境づくりのコツを、いくつか紹介します。

ポイントは、**「視覚以外の感覚を刺激しながら本を読む環境をつくる」**になります。

聴覚を刺激する

たとえば、音楽をかけながら本を速く読んで、聴覚を刺激する環境をつくります。

音楽をかけることで、文字を読もう（黙読、音読しよう）とする意識を他にそらすことができます。

読もうとする意識をそらしていくと、文字をなぞって読むというよりも、イラストを見るような感覚で文章に目を向けるような感じになってきます。

言葉や文章が書かれている紙面に目を向けると、どうしてもこれまでの習慣で、反射的に「読もう」としてしまいがちですが、絵画集や写真集のようなものに目を向けても「読もう」という感覚にはなることはありません。

写真集などは極論すれば、周りにいる人と会話しながらでも見ることはできますが、文字ベースの本だとそれが難しくなるのは、周りからの音声と、頭の中で流れる音声が同時に流れて、どっちの音声を聞けばいいのかわからなくなるからです。

私が読書のときに流す音楽は、速読を学んでいたときも今も、基本的にはクラシックが多いです。

ただ、あくまでもこれは「速く読む癖をつける」ことを目的にしているので、音声に気を取られてしまい、本の内容がまったくわからないと、悩まないようにしてください。

速く読む癖をつけて、「本×環境×経験」の掛け算の「環境」と「経験」に割ける時間を生み出していくことができれば、結果的に本に対する理解度はより深まります。目的とそれに対する行動を混同させないように注意しましょう。

嗅覚を刺激する

決まった香りがある環境で速読モードに切り替えてみるのも一つの手段です。

私が速読を習っていたとき、「本を読んでいて眠くならないように」という目的で、いつもコーヒーを入れていました。その当時はまだ知られていなかったのですが、これは眠くならないようにする効果ではなく、実は速く読むことに作用していたのです。

コーヒーの香りには頭の回転を速くしてくれる効果があります。コーヒー豆の種類によって効果の度合いに差があり、ブラジル・サントスやマンデリン、ハワイ・コナといった種類は情報処理のスピードを高める効果が高いそうです。

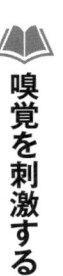

これだけでも速く読むことにいい効果をもたらすことになるのですが、当時を振り返ると、さらに効果的に働いた作用がありました。

私の速読教室に通い始めたばかりの受講生が速く読もうとしたとき、一番多く挙がる悩みは「黙読しようとする癖が直らない」ことです。

私も始めた頃は同じ悩みを抱えていましたが、日々仕事をするなかで、どうしても一字一句キッチリ読まなければならない場面はあるので、「せめて速読トレーニングに入ったときだけは、意識して速く読むようにしよう」と決めたのです。

これを繰り返しているうちに、いわゆる「パブロフの犬」状態になり、教室に入ったときに漂っているコーヒーの香りを嗅いだら、いつの間にか意識して速く読もうと思わなくても、速読モードに切り替わるようになっていました。

五感の中でも嗅覚以外は情報が思考や判断処理をする脳の部分を経てから感情を処理する部分に伝わるのに対し、嗅覚だけは情報がダイレクトに感情を処理する部分に伝わるといわれています。

つまり、「速読モードにしよう！」と頑張って考えなくても、嗅覚を刺激することによって、ダイレクトに本能に訴えるようなかたちで無意識に速読モードをつくることができるのです。

こうした環境を読書の目的別につくることで、文字を見たときに反射的になぞり読もうとする癖を矯正し、速く読むことができるようになります。目的によって、聞く音楽や嗅覚を刺激する香りの種類などを使い分けるのもいいでしょう。

これは速読に限った話ではありませんが、自分だけの力に頼らず、場所を整えて周りの力を借りることによって、無理に頑張ろうとしなくても自然と自分を変えていくことができます。

習慣化するために継続することはコツさえつかめば誰でもできます。しかし、ただ頑張ろうとしても、なかなか継続できません。自分で変えていける範囲で、速く読むモードに切り替われる読書環境づくりを意識してみてください。

黙読する読み方にならないようにするために、速読モードに自分を入れ込むことによって、速く読む習慣を定着させることが非常に重要なのです。

第2章

最速・最短で読書をモノにする4つのポイント

最初に速く読む癖をつける

序章では、「本×環境×経験」という読書の掛け算をすることで、速く読んで理解ができることをお伝えしました。

速く読んで時間をつくることが有効であること、そして読んだ内容をアウトプットするときは、書いてあった文章を言葉にして書き出すよりも、アクションにして周りの環境を変えること。より多くの経験を積んで、「本×環境×経験」の各要素を高めることで、理解力を上げていくことが大事だということです。

第1章では、結果を出す社会人の読書についてお伝えしました。

学生時代に学んだ読書法はテストで点をとることが目的で、教科書の内容を覚えることを重視する読み方です。

社会人の読書は、課題解決、自己成長につながる行動イメージをつくるためのキッカケや気づき、閃きを生み出すことが目的です。本に書かれている内容をそのまま覚えても高得点は取れません。

社会人にとっての高得点を取るためには、すでに結果を出しているスペシャリストの知見が集約されている本を通じて、課題解決に向けた著者目線での疑似体験を経て、アクションに移す不安を取り除き、実際に行動できるようになることが必要です。

そして実際に行動するためには、行動するための時間が必要なので、本を読む時間を短くするために速く読むことが必要だということです。

本章では実際に、最速・最短で読書をモノにする方法についてお伝えしていきます。

悪い読み方の癖をとる

まずは、本を読むのが遅い人がやりがちな、読みながら考え込んで、先に進めない状態になってしまう癖をとる方法です。

「読む」と「考える」のプロセスをそれぞれ分けて実行します。

やること自体は難しいものではありません。**部分的に読み返さずに読むこと**、この一点に集中してください。この段階では、読むのが遅いことはまったく気にしなくていいです。途中で考え込まず、まずは全体に目を通すような感じで、読み切る感覚を身につけていきましょう。

どうしても途中で考え込んでしまって、読まない時間ができてしまう方は、まずは一つの章を読み切ることから始めてください。本によっては章自体が長いものもありますので、その場合は章をいくつかに区切って読み切りましょう。

「しっかり覚える」より「読み切る」ことを優先する

読んでいる途中で「前に書いてあったことを忘れた」と思っても、まずは気にせず、**読み切ることを最優先にしてください。**

途中で**読み切れなくなる癖を矯正する**ことが目的です。

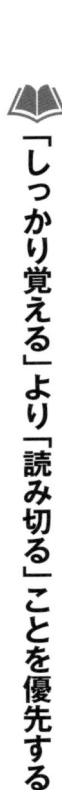

おそらく前に書いてあったことを忘れたと言いながらも、たとえばコミュニケーションスキルの本を読んでいるときに「この本ではプレゼン系のことは書かれていない」ということくらいは覚えています。

「読書系のことは書かれていない」ということがわかっている、覚えているかどうかの感覚は、そのくらいでかまいません。

先にも触れたとおり、どれだけ頑張っても人は基本的に忘れる生き物なので、忘れたと思ったら「後でまた確認すればいいや」くらいの気持ちで、とにかく読み進めましょう。

慣れてくると、すべての内容はハッキリ覚えていないけれど、「前半部分は世代間に絡んだスキルの話で、中盤は男女間に絡んだ話」といった感じで、何となく何が書いてあるか、イメージできるようになってきます。

読み切る習慣を身につける

意識して速く読もうとすると、その意識を維持するために集中力が必要となります。

集中力にも個人差がありますし、本を読むことにどれだけ慣れているのかにもよりますが、1冊を読み切るとなると、読み切る前に速く読む意識が維持できない状況に直面するかもしれません。
そんな場合は逆の発想で、**集中力が続くところまで速く読み、集中力が切れたら、いったん区切る**ようにしてみてください。こうすれば、必ず読み切ることはできます。

私の速読教室の修了生で、1日5分で一つの章を毎日読み、1週間で1冊読み切ることを習慣化している人がいました。その方が言うには、1冊ずっと速く読もうと思い続けるだけの集中力がなく、5分くらいなら集中力が続くだろうという考えから、5分間だけ速く読むことに集中するようにしたそうです。
結果的には1週間で1冊を30分程の時間で読んでいる状態となり、年間60冊以上の読書を3年以上続けることができているそうです。一つの分野で60冊の本を読めば、それなりに高い知識を得ることができるでしょう。

さらに、読書は仕事と違い、いつからスタートして、いつまでに完了させなければならないという期限がないので、速く読もうとする意識が切れるまで全力疾走し、集中力が回復したら、また読み始める、といったことを繰り返しても差し支えがないのです。

そのため、意識して速く読もうとするなかで、もし読むスピードが落ちている感じや疲れを感じた場合は、区切りのいいところでいったん休憩を入れてもかまいません。

結果的に1冊をより短い時間で読み切ることができれば、行動イメージをつくる時間も、実際のアクションを起こしていく時間もできます。

もちろん、最初はたくさん区切って読むような読み方になったとしても、徐々に速く読むことに慣れてくると、区切る頻度も減るようになります。焦らず、自分ができる範囲から着実に取り組んでいきましょう。

前半と後半を先に読む

ビジネス書の翻訳本でよく見かけられるのですが、まず先に結論の概要が書かれ、次にそれを示す具体例が提示され、最後に結論で締められる、という文章の構成があります。

このような文章を読むときは、先に**最初と最後に書かれている結論を読みましょう**。そして中間に書かれている具体例については、可能な限りスピードを上げて見ていくようにします。**結論がわかったうえで、中間に書かれている具体例に目を通していくと、すべてを同じペースで読み続けるよりも速く読むことができる**ようになります。

このとき、具体例の理解は、「スターバックスを例に何かを論じているなあ」程度でいいと割り切って、可能な限りスピードを上げてみます。

そうすることで、トータルで1冊を読み切る時間を短くしていくのです。内容が具体的にわからなくても、結論部分や1冊を通して伝えようとしている考え方のイメージがつくられてくると、大枠のイメージは想像でつくることができるようになります。そのような部分で時間を稼いでいくと、速く読む癖をつけやすくなります。

もし本の構成が細かく分けられている場合は、目次から文章全体の流れや伝えたい核となるイメージがつかめるので、併せて活用しましょう。

あくまでも**優先順位を、「内容を覚える」ことよりも「1冊を読み切る達成感を味わう」ことに置いて、まずは速く読む癖をつける**ことに集中してみてください。

考える余裕がないくらい速く見る

「速く読む癖をつける」方法を紹介してきましたが、どのくらい速く読めばいいのでしょうか。

基本的には今の自分が読むスピードより速く読もうとする意識を持っていただければ大丈夫です。

理想を言えば、1ページ10秒以内のスピードで読んでください。

時間があると考えてしまい、読みながら考えてしまうと、速く読むことができなくなってしまうからです。

考え込んでしまうパターンは、2つあります。

・言葉からイメージがつくれずに悩むパターン
・イメージが鮮明につくられ、「自分ならどうする?」と深く考え込んでしまうパターン

言葉からイメージがつくれずに悩む人は、**先を読み進めていくと全体像が見えてイメージをつくりやすい状態に変わります。**

部分的な文章だけを見て「イメージできない」と考え込むのは時間のムダだと割り切り、考え込まずに速く読み進めていきましょう。

自分に当てはめたときのイメージが思い浮かび、考え込んでしまう場合も、さらに先を読み進めていくうちに、さらに広がりのある観点が見つかることがあります。

自分に置き換えたイメージが鮮明に描ける場合は、1冊を読み切った後でも、そのイメージを思い出すための情報は何かしら必ず覚えているので、まずは1冊を速く読み切ってしまうようにしましょう。

「文字を読む」のではなく、「視界に文字を入れる」

1冊を速く読み切るコツとして、**読むというよりは、書かれている文字に目を通すように見ていく**方法があります。

文章に目線を向け、言葉をパッと見たときに、その言葉を覚えようとせず、言葉の意味がわかったら、次の言葉を見ていくようにします。

次の言葉を見たときに、前に見た言葉が何だったかを覚えている必要はありません。言葉をパッと見たときに、知らない言葉だったとしたら「知らない言葉だ」と認識して、次の言葉を見ていくようにしてください。

1ページに書かれている文章を、イラストを見るような感じで見ていき、細部にどんな文字が使われているのかな、ということを探って確認していくような視点で見ていきます。

たとえるならば、イラストの間違い探しをしているときのような感覚です。

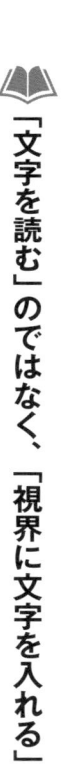

「2つの絵があります。違う部分がいくつかあるので探してください」といった問題があったと仮定して、2つの絵を比較するために見ます。

まず、イラスト全体を見て「海の風景だな」といった全体的なシチュエーションを認識した後、細部に隠れている間違いを探していきます。

後日、その間違い探しのことを思い出したとき、間違いがどこにあったかは思い出せないけれど、「街や港の風景の中から探していた」イメージは何となく思い出すことができるのと同じ感覚です。

文章をイラストを見るように速く読み進めると、頭の中での音声化ができなくなります。

言葉の単位で「見て理解」するコツ

もし読むスピードが上がらないようでしたら、まずは、第1章の「なぜ日本人は読む過程で音読するのか」の「ペペロンチーノ」で紹介したときと同じように、文章を7文字単位で切り出して「見て理解」することに集中してください。**なぞり読みから「見て理解」に切り替えるだけでも、読むスピードは確実に上がります。**

「見て理解」に切り替えただけで、人によっては2倍のスピードで読めることもあるほどです。まずはそこからスタートするだけでも、十分に速く読むことができます。

言葉の単位で「見て理解」をするとき、慣れないうちは漢字で始まる言葉と接続詞、文末の言葉だけに注目して、それらの言葉の間に書かれている助詞的な言葉には意識を向けないようにすると、取り組みやすくなるでしょう。

たとえば、『もし高校野球の女子マネージャーがドラッカーの「マネジメント」を読んだら』の一節に次のような文章があります。

「それでは、野球部にとっての顧客とは一体誰なのか？　それでも、球場に見に来るお客さんがそうなのか？

しかしそれは、やっぱり違うような気がした。野球部の定義が『野球をすること』ではないように、野球部の顧客が『試合を見に来るお客さん』というのも、やっぱり正しくないような気がしたのだ」

これを漢字で始まる言葉と接続詞、文末の言葉だけ見てみると、次のような感じになります。

「それでは　野球部　顧客　誰なのか？　それでも　球場　見に　来る　客　なのか？　しかし　違う　気がした。　野球部　定義　野球　ではない　野球部　顧客　試合　見に　来る　客　やっぱり　正しくない　気がした」

実際の文章でやるときは、単語と単語の間にある文字上も目線が動くことになるので、ここまで文章を切るような感じにはならないのですが、文章を黙読せずに単語を見て、頭の中で音声化しないように読み進めても、文章で伝えようとしているイメージを思い浮かべることはできるのです。

仮に、部分的にイメージを思い浮かべることができなかったとしても、速く読んだら、後で再度思い出す時間もできますし、「ということは？」と深く考える時間も確保できますので、いずれにしても読むときはスピード重視を心がけましょう。

デジタルツールを活用した方法

電子書籍を使って「見て理解」する感覚を身につけるのもいい手段です。

特にＳＮＳに上がっている記事は、「読む」というよりは「見て理解」に近い感覚で読まれていることが多いので、それと同じ感覚で電子書籍の文章を「見て理解」していくのです。

ただ、ある程度慣れてきたら紙の本に移行するようにしてください。

これまでに私が指導してきた人にも、電子書籍だと読むスピードが速いけれど、紙の本になると、そのスピードが落ちてしまう人が結構いました。

見開きサイズの違い、フォントサイズが変更できないなど、原因はさまざまあると思いますが、やはり原因の多くは、紙の本＝国語（勉強）というイメージが反射的に働いてしまって、なぞり読む読み方に戻ってしまうことにあります。

しかし紙の本でも、やること自体は、ＳＮＳや電子書籍を速く「見て理解」するのと同じです。

メニュー表を読まずに見て理解できる人であれば、すでにできることを紙の本でもやるだけなので、もし紙の本で実践したときに「遅い」と感じたら、ネットや電子書籍で「見て理解」する感覚を取り戻し、再度トライしてみるようにしてください。

頭に残っている言葉や文章を書き出す

速く読む癖がついてきたら、今度は頭の中に残っている言葉や、1冊の本を通してつくられたイメージを、まずは書き出してみましょう。情報の引き出し方は第3章で詳しく触れますが、ここでは、頭の中の情報をどう整理すればいいかを紹介します。

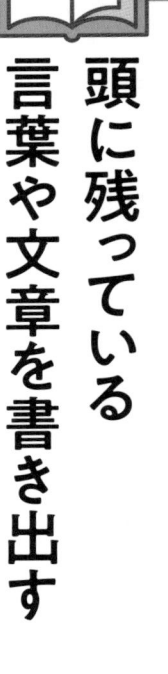

もし章ごとに区切って読む場合は、区切るたびに、書き出しを行ってみてください。なお、区切って読むときは、第1章から順番に読んでいく必要はなく、自分が興味のある見出しのところから読み始めてかまいません。

書き出す際、**最初は頭の中に残っている言葉を単語単位で書き出してみてください。**いくつかの言葉が書き出されると、それらの言葉を見て、周辺に書かれていた単語や文章のイメージが思い出されることがあります。

周辺に書かれていた言葉をさらに書き出していくことを繰り返していくと、文章レベルに近い情報になっていきます。

「頭の中に残っている単語→周辺にあった単語や文章のイメージ」という流れだと、取り組みやすくなります。

頭の中でイメージ変換された内容を書き出す

これをやるには条件が一つだけあります。それは前節で説明した「速く読む」ことをしっかりやることです。

ゆっくり読んでしまうと、前章で挙げた例のように、高速道路から一般道に降りてきたときのような錯覚、つまり可塑性を起こすことができません。なるべく速く読んで、どれだけ頭に残せるかがポイントになります。

遅く読んでいる状態のまま始めると、直近で読んだ部分の文章に関する言葉や文章は書き出すことができますが、より過去に読んだ部分になるほど思い出すことができなくなるでしょうし、可塑性も最大限に引き出されません。

あくまでも、**1冊全体を通して頭に残っている言葉や文章を書き出そうとするよう**にしてください。

また書き出すときは、本の内容とまったく同じ文章である必要はありません。

たとえば『SPRINT 最速仕事術』を読んだとします。その中では5日間で数か月分の仕事をやってのける考え方が書かれており、その事例としてブルーボトルコーヒーやSlackなどが挙げられています。

仮に、リソースの動線を描く「マップをつくる」という章を読んだとしたら、「プロトタイプの構造を考えるのに使う」とか「全体の構成がつかみやすくなる」といった、本文で書かれている内容をそのまま書き出すのではなく、**自分の立場におけるサービスや商品における動線の流れを文章で表す**のです。

文章にするのが難しければ、フロー図のように単語単位にして、矢印線でつなぎ、実際のマップのようにしてもいいです。

どちらにしても、書き出す内容は本に書かれている文章ではなく、自分の頭の中でイメージ変換された後の内容にすることが重要なのです。

閃きから想像し、行動につなげる

自分なりの表現で書き出していくなかで、思い出したことがあれば、それもどんどん書き出してみてください。

本に書かれていることから外れる内容であってもいいです。むしろ自分の脳内で一度イメージ変換された内容を出すことになるので、場合によっては、自分の身の回りの環境や日常生活に絡んだ内容が多く書き出されます。

さらに**イメージが広がっていくと、そこからビジネスヒントや気づき、キッカケの種などが生まれる**ことがあります。

私自身の例を出すと、過去に『7つの習慣』を読んで、ガチョウと黄金の卵の話について書き出したことがありました。

知らない方のために概要をお伝えすると、ガチョウと黄金の卵の話とはイソップ寓話の一つで、飼っているガチョウが1日に1個ずつ黄金の卵を産み、卵を売った飼い主は金持ちになったけれど、1日1個しか卵を産まないガチョウに物足りなさを感じ、欲を出した飼い主はガチョウの腹を裂いて、金の卵を取り出そうとしたら、腹の中に金の卵はなく、その上ガチョウまで死なせてしまったというお話です。

金の卵をP（Performance）、ガチョウをPC（Performance Capability）と考え、この2つのバランスが重要だということが説かれています。

この内容を書き出しているとき、私にとってのPCの存在は速読教室を開こうと思ったキッカケをくれた人だとイメージしました。

そのとき、「あれ？　ということは、この人にもPCの存在があるわけだよなあ」と、ふと思ったのです。

速読教室をはじめ、その当時、私が取り組んでいたさまざまな活動に対して、「私にとってPCの存在となる人」のPCを書き出していくと、そのほとんどが同じ人に行き着くことに気がついたのです。

そして、私にとってのPCのPCに意識を向けていくことによって、会社員としての昇級をはじめ、独立、起業した後も速読教室を拡大するなど、取り組んでいた活動すべてにおいて、今まで以上の高いパフォーマンスを発揮できるようになりました。

おそらくこれを「本に書かれている内容にしたがって」と考えながら書き出していたとしたら、自分にとってのPCだけを確認して終わっていました。

実際に書き出してみて、「本に書かれている内容から飛躍してもいい」という楽な気持ちを持って、**書き出した内容を眺めながら考えていたからこそ、広がりのある考えやイメージを膨らませることができた**のです。

このような、「ということは？」という閃きや、閃いたときに考えたことは、一瞬閃いて、すぐに忘れてしまうことが多いので、この書き出しをやっているときに一緒にやってしまったほうがいいです。

本の内容からズレることが頭に思い浮かんだとしても、この例でいえば「PCの先のPCをひたすらたどっていく」ようなことも含めて、どんどん想像してください。なるべく考えることを止めないようにすれば、このポイントは乗り越えやすくなります。

実際、本の内容を覚えている部分というのは、多くの場合、「自分の中でつくられたイメージ」が起点となって思い出されます。

いわゆるトリガーの役割となるイメージがあって、初めて文章の内容を思い出すことができるということです。

そしてそのイメージは、あなたにしかない過去の経験や周りの環境によってつくられているので、アウトプットしようとしたときに、本に書かれている文章と違う内容になっているほうが自然なのです。

自分の立場に置き換える

私が昔、投資を勉強していた頃、投資の先生から取引ルールを教えてもらって、その通りに取引をしているつもりだったのですが、まったくうまくいかずに悩んでいたときがありました。

教えられたとおり、厳密にルールを守れていないからだと思った私は、当時プログラミングをやっていたこともあり、そのルールをプログラムに落とし込んで、自分の主観を入れず、ルール厳守で取引しようと考えたのです。

しかし、教えてもらったとおりのルールをロジックに落とし込んだはずなのに、なぜか投資の先生との取引タイミングが違ってしまい、これまたパフォーマンスが上がらず、どうしたものかと悩んでいました。


同時期、システム構築の仕事関係で、私が気象予報士の資格を持っていたこともあって、気象データを活用した、ある予測モデルをつくるというプロジェクトに入ることになりました。

しかしその予測は、これまでずっと現場の直感でやってきたものだったので、そもそもどのようにして予測の意思決定をしているのかを明確にする作業から始めなければならない状況でした。

ただ、現場の方々も言葉やモデルにどうしても表現しきれないと悩んでしまう状態で、ヒアリングしてもなかなかモデルは見えず、何か突破口を見つけ出さなければ先に進めない状況となりました。

そのときに「意思決定」というキーワードに触れ、たまたま書店で『ウォートンスクールの意思決定論』という本を見つけました。

その本は経営者視点での意思決定に関する内容が書かれていて、あまり気象の予測モデルとは関係がなさそうだったのですが、「意思決定」というキーワードに関連する本自体が書店にあまりなかったことや、社会人に求められる読書のことを考えると、何かしら次につながるキッカケは手に入ると思えたので、とりあえず購入してみました。

そして読んでいくと、「モデルと直感」に関する内容が書かれていました。

端的に書かれていたことをまとめると、モデルだけでの判断、専門家の直感だけでの判断よりも、モデルと直感は組み合わせることで高い精度を発揮するという統計データのもと、どのようにモデルと直感を組み合わせていけばいいかが論じられています。

この内容を読んでいるとき、私は「自分のプロジェクトに置き換えたら……」という視点でイメージを広げようとしていたのですが、ふとした瞬間に「この考え方、投資の取引に当てはめたらいいのでは……？」という思いがよぎりました。

そして、取引をするプログラムを書き換えて、ルールに従って売買をするのではなく、取引条件を満たしたら自分にメールを発信し、そのメールを受け取ったら最終的な売買判断は自分でやるというイメージが閃いたのです。

つまり、値動きからの判断はモデルに、時事的な経済情報やニュースなどからの判断はアナログ（直感）にやることで、それぞれの不完全さを補えるようにしてみました。すると、投資の先生との取引タイミングも近づき、パフォーマンスも上がるようになりました。

この本は、投資とはまったく関係ない目的から読み始めたわけですが、本に書かれている内容をキッカケに、自分が抱えている悩みを解決することができた一例になります。

このように社会人の読書には、書かれている内容に沿った解釈イメージだけを考えるのではなく、あくまでも自分の立場に置き換えるとどうなのか、を考えることが求められます。

そういう意味では、**本に書かれている文章以外の言葉で、すべてをアウトプットしようとしたほうが、閃きは生まれやすくなる**と考えることができます。

読書に対するアウトプットをしようといわれると、国語の宿題で出ていた読書感想文のことが反射的に思い浮かぶために、その本に書かれている言葉や文章に沿って自分の感想を書き出していくという癖がついているかもしれません。

社会人に求められる読書のアウトプット

私の速読教室で『蜘蛛の糸・杜子春』を読んでいるのですが、「杜子春」は杜子春という人が、有り余るお金を手に入れることより家族が大事だということに気づいたというストーリーになっています。

これに対して「自分も家族を大切にしないと」とか「お金がすべてではないんだな」といったことを書き出すのが読書感想文的なアウトプットになります。

このストーリーに対して、「自分が普段している仕事に置き換えたとき、仲間をないがしろにしてお金だけに執着しているところがないか？」ということを振り返り、そうしたポイントが見つかったら「どうやって改善するか？」を書き出すのが社会人に求められる読書のアウトプットになります。

小学校や中学校でやってきた読書感想文とは違うアウトプット、点を取るためではないアウトプットが求められるのです。

もちろんストーリーに沿った模範的な感想文を書くことも、語彙力を養ったり、文章を正しく理解するためには重要な過程です。

しかし、ある程度の語彙力や文章理解力がついてきたら、今度は**読んだ内容を自分に置き換え、自分をさらに成長させるための行動シミュレーションを描き、実際に行動するイメージをつくる**ようにしましょう。

行動イメージがより鮮明に描けるようになるほど、アクションを起こそうとするときの不安感が減り、好奇心が増すので、行動力を上げることにつながります。

行動力が上がれば、よりよい環境の変化や、新しい経験を積むことにつながりますので、「本×環境×経験＝理解力」のレベルが上がることになるのです。

最速・最短で読書をモノにする4つのポイント

1 速く読む癖をつける

- 部分的に読み返さず読む
- 読み切ることを優先する
- 集中力が続くところまで速く読む
- 集中力が回復したら、また読み始める
- 先に最初と最後に書かれている結論を読む

2 考える余裕がないくらい速く見る

- 読むより、書かれている文字に目を通す
- なぞり読みから「見て理解」に切り替える
- 電子書籍を使って「見て理解」する感覚を身につける

3 頭に残っている言葉や文章を書き出す

- 頭の中でイメージされた言葉を単語や文章で書き出す

4 閃きから想像し、行動につなげる

- 思い出したことがあれば、それもどんどん書き出す
- 自分の立場に置き換える
- 行動するイメージをつくる

第3章

速読を極めて、情報収集力を上げる

速いスピードで1～2回見る「1秒リーディング」

それでは実際にどうやって速く読んでいきながら、より深い理解を得ていくのか、流れに沿って説明していきます。

まずは、**なるべく速いスピードで1～2回、本を読んでいきましょう。**次の6つのポイントを意識しながら取り組んでみてください。

①普段読む時間の3分の1を目標にする
②1行1秒以内のペースで見る

③立ち止まりそうになったらマークをつける
④速読モードに切り替える
⑤「自己満足」よりも「自己成長」を優先する
⑥ツールを活用して「難しそう」のハードルを下げる

普段読む時間の3分の1を目標にする

具体的なスピードは、読む本によっても変わりますし、読む人がどのくらい本に慣れ親しんでいるかによっても変わりますが、基準としては**普段読んでいるスピードで1冊を読み切るのにかかる時間の3分の1の時間内で読み切れるように進めてみてください。**

1冊を1時間半くらいで読んでいる人であれば、1冊を30分くらいで読み終わるスピードです。1冊が300ページ以上あるような、ページ数の多い本になると速く読み進めるための集中力が落ちてくる可能性もあるので、前半と後半で区切ってもかまいませんし、1章ごとに区切ってもかまいません。

このとき、1章から順番に読んでいく必要はなく、自分が興味のある章から読み始める

これまでの3分の1の時間内で読み切る

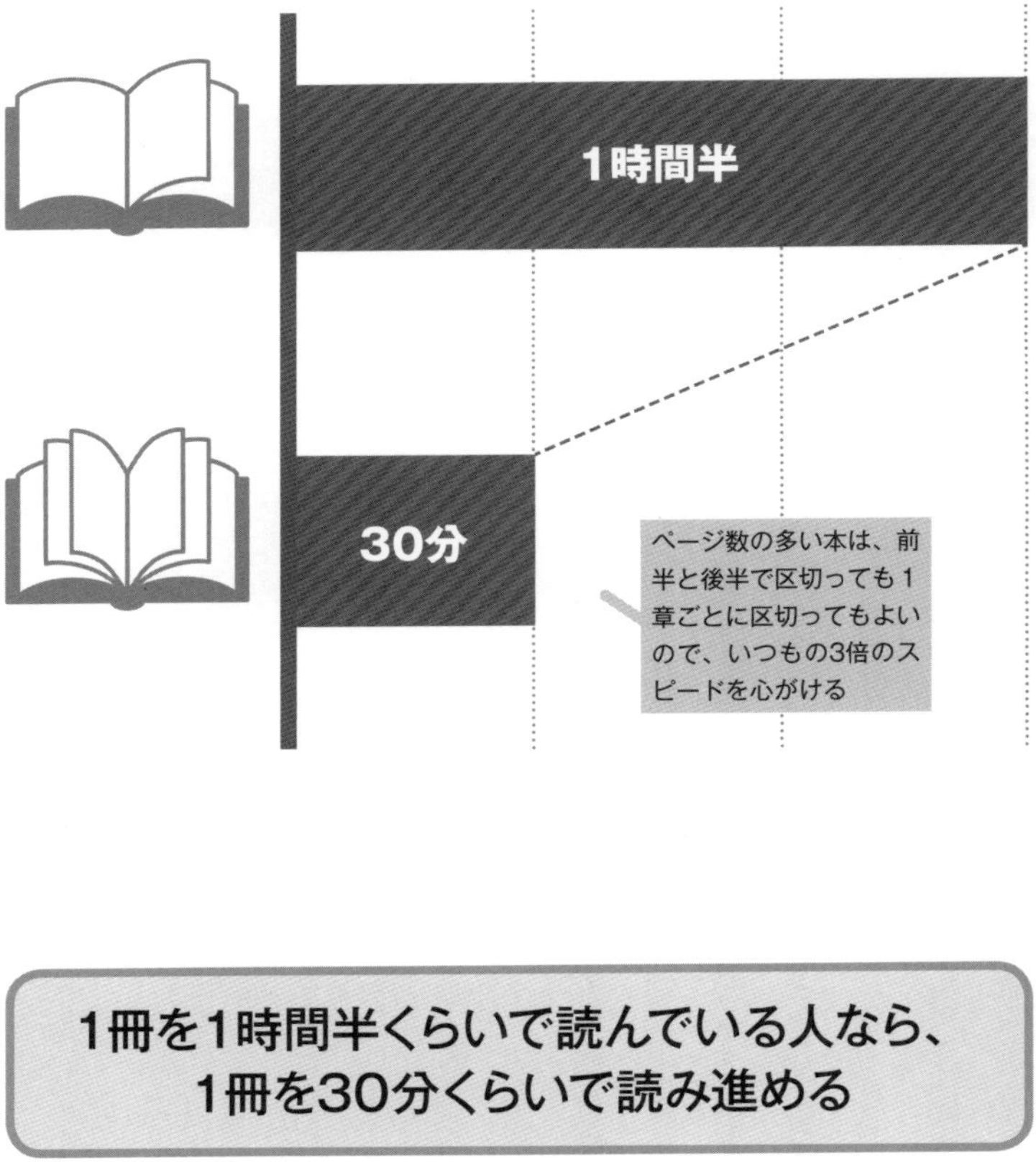
1時間半
30分
ページ数の多い本は、前半と後半で区切っても1章ごとに区切ってもよいので、いつもの3倍のスピードを心がける

1冊を1時間半くらいで読んでいる人なら、1冊を30分くらいで読み進める

ようにしましょう。

もちろん、それ以上のスピードで読んでいけるという方は、自分が一番速く読めるスピードで読んでください。

1行1秒以内のペースで見る

どのくらいのスピードで読んでいけばよいか、イメージできない場合は、行の始めと終わりの文字だけ見るようにして、読み進めてみてください。

行の始めの文字を見てから終わりの文字を見るまでの間の時間は1秒以内が目安になります。

体感的には飛ばし読みをしていると思うくらいのスピードです。

このとき、「そんなに速いスピードで読んだら、何が書いてあるかわからないし、まったく覚えられない」と、心配しなくても大丈夫です。

たとえば、このページの2行目の始めの文字「も」から終わりの文字「ピ」を見ようとすると、その間に書いてある文字の上を目線を移動させながら終わりの文字を見ることになります。

つまり、読んでいるという意識がなくても、間に書かれている文字を視野に捉えることはできているからです。


私も速読教室で受講生を指導しているときに「こんなに速いスピードだと全然わからない」と言われることがありますが、同じ本を再度読んだとき、特に前半のページを見ていると、「あっ、これは書いてあったな」と思い出すことができる部分があります。

特に速く読んでいないときであっても、2回、3回と、何回も読んでいると、同じような経験をしたことのある人は多いのではないでしょうか。

このように、内容は全然覚えている感じがしなくても、改めて見たときに「書いてあった」と認識できるということは、頭の中にきちんとインプットされているのです。

自分が抱えている課題や興味のあることに関する内容があると、速いスピードで見ていたとしても、無意識にその言葉や文章を拾おうとするので、後から思い出そうとしたときに、「〇〇のところに書いてあったなあ」ということは思い出せるのです。

まさかと思われるかもしれませんが、視野に捉えられた情報というのは、必ず一度はす

1行を1秒で見ていく

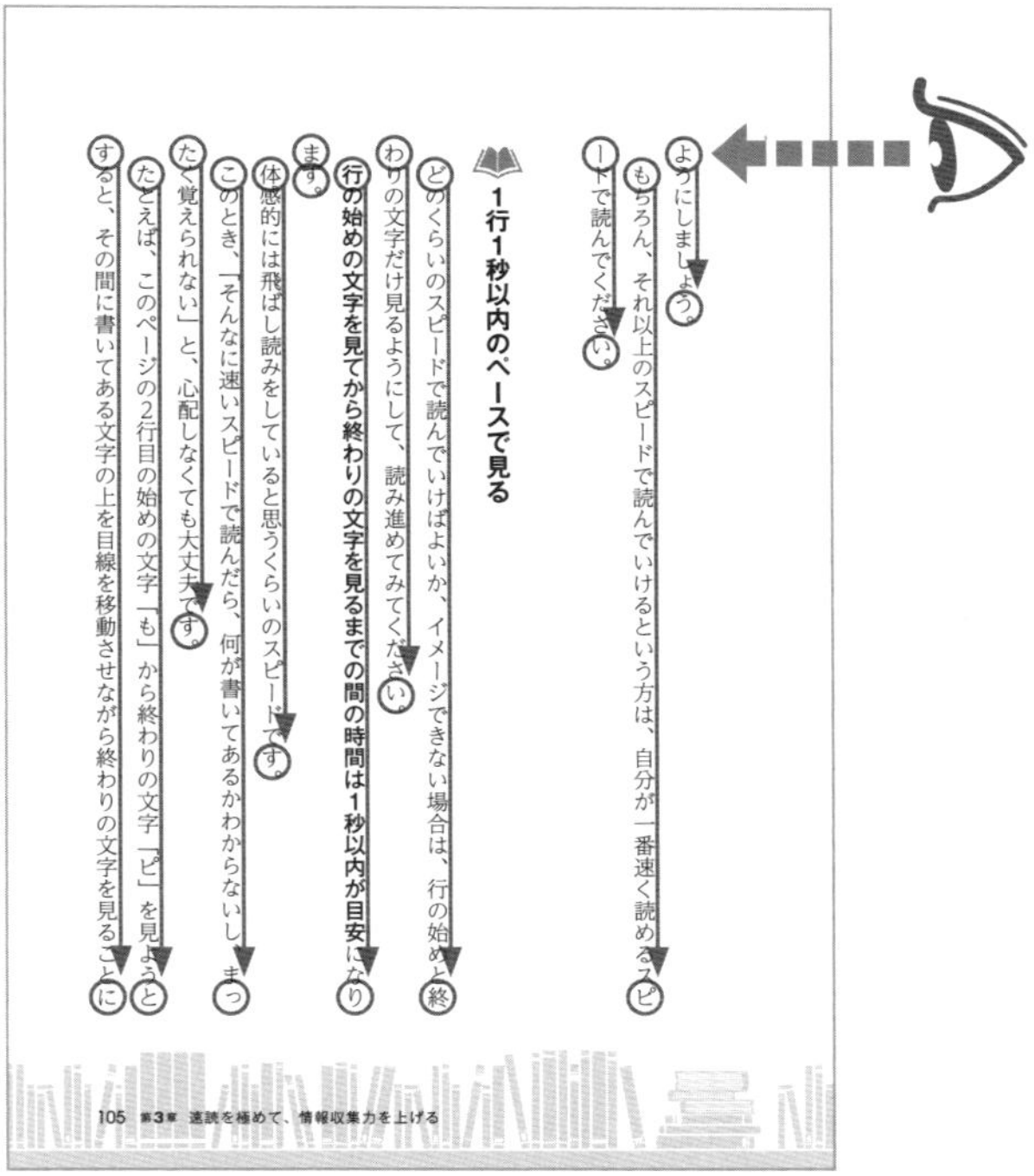

ようにしましょう。

もちろん、それ以上のスピードで読んでいけるという方は、自分が一番速く読めるスピードで読んでください。

1行1秒以内のペースで見る

どのくらいのスピードで読んでいけばよいか、イメージできない場合は、行の始めと終わりの文字だけ見るようにして、読み進めてみてください。

行の始めの文字を見てから終わりの文字を見るまでの間の時間は1秒以内が目安になります。

体感的には飛ばし読みをしていると思うくらいのスピードです。

このとき、「そんなに速いスピードで読んだら、何が書いてあるかわからないしまったく覚えられない」と、心配しなくても大丈夫です。

たとえば、このページの2行目の始めの文字「も」から終わりの文字「ピ」を見ようとすると、その間に書いてある文字の上を目線を移動させながら終わりの文字を見ることに

105 第3章 速読を極めて、情報収集力を上げる

行の始めの文字を見てから
終わりの文字を見るまでを
1秒以内で読み進める

べて頭にインプットされます。

インプットされた瞬間から、どんどん忘れていくので、「頭にインプットされていない」と考えてしまいがちですが、それは覚えていないのではなく、インプットされた情報を引っ張り出せていないだけなのです。

ですから、速読の検定を受けたり大会に出たりしていた当時、私は「忘れる前に読み切ってアウトプットする（問題に答える）」ことを強く意識していました。

視界に入った情報を引っ張り出せなくなる前に問題に答えていけば、速く読んで、より多く正解を残せるのでは……と、思っていたからです。

実際はインプットと同時にどんどん忘れていくので、完璧に全問正解ができるわけではなかったのですが、結果的には速読の大会でナンバーワンを取るレベルまで行くことができました。

ただ、見た言葉や文章をそのまま丸覚えしたものをアウトプットできるようになったところで、結局時間が経てば忘れていってしまいます。

当時は、会社員でソフトウェア業界という環境にいたこともあって、「パソコンのほうが正確に丸覚えしてくれる」と思ったことなどから、「速読を極めたい」という発想にはいたりませんでした。

しかし、今では速読の「活用」を極め、本当の意味での理解力を上げていくことができたおかげで、人生をよりよい方向へ変えていくことができるようになったのです。

話が逸れてしまいましたが、幼少期や学生時代は、教科書に書いてある内容をそのまま覚えていることに価値が置かれていたかもしれません。

しかし社会人になると、教科書などないことが多いうえ、参考にできる本があったとしても、そこにズバリ答えが書かれていることはないため、書いてある内容をそのまま覚えていても、それほど価値はありません。

まずは本全体に目を通して、すべてをインプットすることから始めるようにしてください。インプットされた情報を引っ張り出す、思い出す力をつける方法については、後述していきます。

気になる部分はマークをつけて、先に進む

読んでいくとき、気になる文章や言葉が出てきたときに立ち止まらないことと、気になったからといって前のページに戻って読み返さないようにするだけでも、かなり速く読み進めることができるようになります。

序章でも触れましたが、読むのが遅い人によく見られるのが、読まずに立ち止まって考え始めてしまって、1冊を読み切るだけの集中力が持続しないケースです。

その先の文章を見れば解決することを、途中で立ち止まって考え込んでしまうと、その時間はムダになってしまいます。このようになりがちな人は、まずは「読み切る」癖づけを優先しましょう。

読み切る達成感を味わうことで、「もっと読みたい!」と意欲が生まれ、「もっと読むには早く読む必要がある」と、自然に速く読もうとする状態をつくることができます。

どうしても気になってしまう部分については、付せんを貼っておき、とりあえず先を読み進めるようにしてください。

気になった部分にマークをつけるとき、折り目を付けたり、マーカーを引いて印をつけないようにしてください。
なぜ折り目を付けたり、マーカーを引いてはいけないか。それは後日その本を改めて読もうとしたときに、折り目やマーカーが引いてあると、どうしてもそこにしか目が行かなくなってしまうからです。

本を読んで、実際にアクションに変えていき、経験を積んだ後でもう一度同じ本を読むと、初めて読んだときよりは理解力が高まっている状態で読むことができます。初めて読んだときには理解できず、重要ではないと思っていた部分で、重要な内容を見つけることができるようになります。

自分にとっての良書とは、読むたびに、その時点の自分自身にとって必要な気づきや閃きをさまざまな視点で与えてくれる本です。すでに理解できている部分を10回繰り返し読んだところで、そこからは共感しか生まれません。
昔読んだときには気づけなかった深い意味に気づけたとき、それが自分をより成長させるためのカギとなります。

そして、自分が成長する前には気づけないことに、折り目やマーカーを引くことは不可能なのです。それでも折り目やマーカーを引くほうがいいと思われる方は、同じ本を2冊買うようにしましょう。

速読モードに切り替える運動

第1章で、今まで習慣的にやってきた黙読（音読）の読み方を変えるために、速読モードに切り替える方法として、嗅覚、聴覚を刺激するといった、周りの読書環境の整え方をお伝えしました。ここでは、本を読むときに私が実際にやっている「速読モード切り替え法」について触れます。

まず**本を読むとき、目線と床がなるべく平行になる位置で本を持つ**ようにしてください。

特に立ち読みをしている人に多く見られるのですが、下を向いて本を読んでいると、首や肩に負担がかかって疲れやすくなります。

ただ、完全に平行にしようとすると、本を持っている腕が疲れてくる可能性もあるので、そのときはなるべく首を折らないようにしながら、楽に本を持つことができる位置で見るようにしてください。

本を読むときは、立って読んでも、座って読んでもかまいません。

人によって「立って読んでいるときのほうが集中して読める」こともあれば、「座って読んだほうが集中できる」という場合もあります。集中して読みやすい姿勢が個人ごとにあるので、そのことを知っておくことで、速読モードに切り替えやすい状態にすることが可能となります。

もし座って読む場合は、背もたれは使わず、浅めに腰掛けるようにします。

背筋は猫背になることなく、かといってピンと伸ばす必要もなく、ちょうどその中間くらいの感じで、リラックスして自然に座るようにしてください。

「姿勢を正して！」と言われると、背筋をピンと伸ばしている姿を想像する方が多いのですが、人間の背骨は正常な状態だと緩いS字を描くような状態になっており、まっすぐではないのです。

つまり、背筋を伸ばそうとすると、実はかなり体には負荷のかかる姿勢になってしまうので、この姿勢で読み続けていると、疲労感が増してしまって、本を読み切れずに終わってしまうのです。

そのため、読むときの姿勢は無理に背筋を伸ばすわけでもなく、猫背になるわけでもない、背骨が自然なS字を描くように座りましょう。背骨をまっすぐにするのではなく、骨盤を立てるように意識するのがコツです。


また、もし時間に余裕があるときは、**目のストレッチをして、脳を活性化させた状態にしてから読み始めると、速いスピードで見ていきやすい状態をつくることができます。**

目のストレッチは目を動かすことになりますので、直接目に接触するコンタクトレンズは外した状態で行うようにしてください。

まず両手の親指を立てて、両腕をまっすぐ前に伸ばし、首を動かさずに0・5秒間隔で左右の親指を交互に30秒くらい見ていきます。

次に両手の人差し指を立てて、片方の腕は前に伸ばして人差し指が遠くに見えるように、

速読モード切り替え法

1 両方の親指を
交互に30秒見る

2 人差し指を
交互に30秒見る

3 顔の大きさくらいの
円を10秒かけて
回し見る

目のストレッチをして、脳を活性化すれば、速いスピードで見られる状態をつくれる

もう片方の腕は曲げて、人差し指が近くに見えるようにして、0・5秒間隔で両方の人差し指を交互に、焦点を合わせるように30秒くらい見ていきます。

最後にどちらか一方の人差し指を目の前に持っていき、指先に焦点を合わせたまま、顔の大きさくらいの円を描くように、1周10秒くらいかけて回していきます。

首を動かさないように注意しながら、左回り、右回りで1セットとして2セット見たら終了です。

このようにして、なるべく楽な姿勢でリラックスした状態にしてから、速く本を読むことを習慣化していくと、その姿勢をとったときに「あっ、これから読む本は速く読むんだ」というモードに自然と切り替わるようになります。

「自己満足」よりも「自己成長」を優先する

なじみのない分野の本で実践するときは、簡単な本から読み始めるようにしてください。

難しそうな本を読んでいる姿は、確かに「勉強している」感がすごくあるのですが、得られるのはその満足感だけで、肝心の知識や情報がほとんど入っていないことが多いです。

肝心な情報が入ってこない原因の一つとして、本で語られている背景知識に気を取られてしまっている可能性があります。

たとえば、ビジネス書で『人を動かす』という対人関係・リーダーシップ論を説く有名な本があります。

確かにこの本で書かれていることはとても本質を突いているとは思うのですが、著者がアメリカ人なので、アメリカをベースにした例が多く挙げられています。そのベースがある人とない人では、感覚的な読みやすさが大きく変わるのです。

これがマンガ版になると、日本の一般的なビジネスパーソンの環境をベースにした例で読むことができます。アメリカのベースがなくても、日常生活により近い状況が舞台となっているので、イメージをつくりやすい、つまり読みやすいとなるわけです。

社会人にとって読書をする目的は、現在抱えている問題を解決することや自分をさらに成長させることです。その目的をかなえるための本が難しいかどうかということは関係ありません。

本は違えど、問題解決や自己成長につながる内容の本質は変わらないからです。

たとえば、『失敗学のすすめ』の中に次のような文章があります。

「失敗体験から本質的な部分を理解して知識にするには、わずかな自分の経験と、他人のいくつかの典型的な失敗体験の情報があれば十分なのです」

経営の立場にいる方や高い意識を持ったビジネスパーソンの方であれば、この本に興味を持ち、書店で手にすることはあるかもしれませんが、まったく興味がない人がこの本を手に取ることはおそらくないでしょう。

しかし、前に紹介した『バフェットの教訓』の中に、次のような文章があります。

「人は経験から学ぼうとするが、他人の経験から学べるならそれに越したことはない」

つまり、他人の失敗経験から学び、できる限り自分が同じ失敗の方向に向かわないようにすることが重要だと述べられていて、先ほどの話と本質はまったく同じことが書かれているのです。投資やトレードの取引には興味があるという方であれば、この本を通じて知ることができれば、それでいいわけです。

このように、あくまでも**本を読む目的は、自分自身をより高めることだと考えるようにして、今の自分に合った本を選ぶ**ことを優先しましょう。

ツールを活用して「難しそう」のハードルを下げる

速く読みやすい環境をつくるという意味では、「見て理解」するトレーニングでも紹介した電子書籍を活用するのも一つの手段です。

画像ベースで電子化されている本ではできないことが多いのですが、文字サイズを変えることができる電子書籍であれば、自分が速く読みやすいと感じる文字サイズに設定するといいでしょう。

特に本が分厚くて、見ただけで読むのに身構えてしまうような場合、読むことに対する心理的なハードルを下げる効果も期待できます。

全般的には、文字サイズを少し大きめにして読んでいくと、速く読みやすくなる印象がありますので、初期表示時よりも一回り大きいフォントサイズで設定してみるといいでしょう。

ただ、iPadのようなタブレット端末だと、画面に表示できる文字数がかなり少なくなってしまいますので、もし電子書籍で取り組まれる場合は、パソコン用のモニターを利用するのが理想的です。

頭に残っている内容を引き出す「1秒リマインディング」

ひと通り読み切ることができたら、次は「何が書いてあったか？」を思い出して、頭に残っている内容を引き出していきます。

引き出そうとしたとき、「何が書いてあったっけ……？」と思うくらいのスピードで読んでいるのが理想的です。

もし読み終えた後、「ある程度、何となく思い出せる」という状態であれば、もう少し読むスピードを上げるようにしましょう。

このプロセスにおけるポイントは次の3つになります。これらのポイントを意識しながら取り組むようにしてください。

①インプットした情報を〝必死に〟引っ張り出して、思い出す力を鍛える
②紙に書き出しながら、思い出す力を引き出す
③「すでに知っている内容」と思ったときこそ、成長のチャンス

インプットした情報を〝必死に〟引っ張り出して、思い出す力を鍛える

速く読んだ後で「全然思い出せない」と思っても、その後、何が書いてあったか思い出そうと頑張っていると、「そういえば本の前半部分に○○なことが書いてあったような……」とか「本に書いてある内容ではないけれど、一瞬閃いたことが、あれ、何だったっけ……」と、徐々に思い出すためのヒントとなるイメージが思い浮かんできます。

このように**必死に思い出そうとすることによって、速く読んでいたなかで何となく目にした文章から記憶を引き出す力を鍛える**ことができます。

思い出す力を鍛える

思い出せない場合は、５分以上粘って、３つ以上思い出す

必死に思い出そうとすることで、目にした文章から記憶を引き出す力を鍛える

「思い出す力」を鍛えることによって、曖昧な記憶を組み立てながら、それに関連する内容を思い出すことができたり、その記憶と自分の身の回りの環境や過去の経験情報を混合させて組み立てたりすることで、今現在の自分に必要な気づきや閃きが生まれるようになるのです。

そのため、「思い出せない」と思っても、すぐに本を読み返して確認するのではなく、「思い出す力を鍛えている」と思って、**最低でも1分間、できれば5分以上粘って、少なくとも3つ以上、何かしら思い出す**ようにしてください。3つ書き出すことができると、それらの内容から派生してパッと思い出せる内容が増え、さらに思い出せる幅が広がりやすくなるからです。

逆に思い出せる幅が広がることで、思い出すことに没頭しすぎる可能性もあるので、長くても10~15分「思い出す力を鍛える」ことに粘ることができたら、次のステップに移りましょう。

紙に書き出しながら、思い出す力を引き出す

思い出すときは紙に書き出すようにしてください。

紙に書き出してある内容を目で見るので、その情報と紐付いて思い出せることが増えるからです。

人は情報を記憶するとき、子どもの頃は機械的にその内容を覚えるのが、大人になると、そのまま覚えようとするのではなく、その**内容と何かを関連づけて覚えようとする方法に変わっていく**といわれています。

たとえば、本の中で「預金封鎖の歴史」に関する記述があったとします。

「戦後間もない頃の日本や、2013年にEU（欧州連合）のキプロスで預金封鎖があった」ということを機械的に覚えただけだと、思い出すことは難しいでしょう。

これを「ATMの1日あたりの引き出し上限限度額」、自分が預けたお金を自由に引き出せないことと預金封鎖と関連付けて覚えていると、「ATM」という言葉を見たときに、預金封鎖の歴史に関する情報を思い出しやすくなるのです。

部分的に思い出せた情報を目にすることで、その前後に書かれていた関連する言葉や文章を思い出すことができるときがあります。

それらの情報を目にしているうちに、自己成長につながる行動イメージのキッカケが生まれる場合もあるのです。

頭の中で思い出されている文章をイメージしながら、紐付く情報を思い出そうとしてもいいのですが、書き出した内容を紐付けながら思い出したほうが、関連する情報を思い出すことができる可能性が上がるので、紙に書き出すようにしましょう。

そして、思い出したことは先に書き出すようにしてください。

何かパッと思い出したり、思い浮かんだりすると、そこから派生的にいろいろと考えようとしてしまいがちですが、瞬間的に思い出した内容ほど瞬間的にすぐ忘れてしまいます。「思い出した！」と思ってから1秒以内に書き出すアクションに移っているくらいのスピード感で、思い出したことはすぐに書き出すようにしましょう。

思い出した内容を書き出す際は、文字にこだわる必要はありません。何となくイメージはできるけど、言葉にできない場合もあるかもしれません。そんなときはその漠然としたイメージをそのままイラストやフローのようなかたちで書き出してください。

記述式テストのように覚えた内容をそのまま書き出すことを求められる場合は、きちんと言語化して書き出さなければならないですが、社会人の読書の目的を考えると、言語化によるアウトプットよりも、アクションによるアウトプットが求められます。

そのため書き出す際は無理に言葉にしたり、綺麗にまとめようとしたりすることにはあまり意味がないのです。

実際のアクションによるアウトプットについては第4章でお伝えしていきますが、思い出した内容を書き出すときは何かにとらわれず、自由に紙に書き出してください。

パソコンなどを使って読んだ内容を書き出している人を見かけることがあるのですが、タイピングに比べて、手書きのほうが脳の中の言語処理に関係する部位が活発に働くことが知られています。**思い出す力をより引き出すためにも、手書きで書き出す**ようにしましょう。

本によっては書かれている内容よりも、「むしろ自分の身の回りの環境に置き換えたときにどうだろう?」というイメージが先に思い浮かぶことがあります。

思い出す力を引き出す

1 文字にして書き出す

ATM

2 イラストにして書き出す

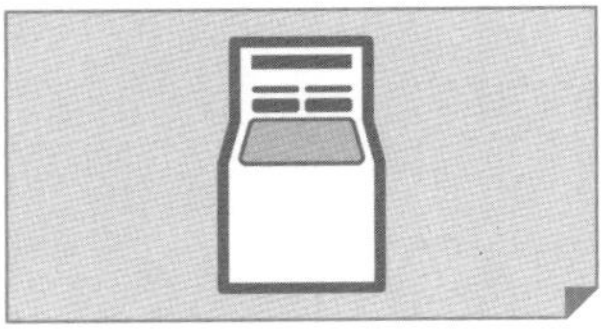

3 フローにして書き出す

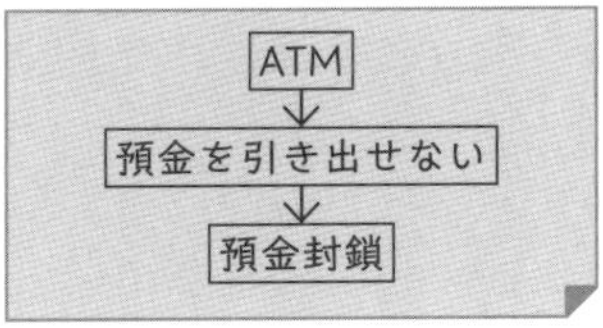

**部分的に思い出せた情報から、
その前後に書かれた関連する言葉や
文章を思い出すことができる**

たとえば、時間がないことで悩んでいる人がいたとして、「物事は同時並行で進めろ」という文章を読んだとします。

このとき、「抱えている仕事のうち、プレゼン資料を作成する作業は、統計データの調査や裏取りの部分をAさんにお願いしても成り立つ」とか「話のストーリー展開は他の人には振れない」といったように、自分の状況と照らし合わせながら思い出すことで、自分なりの解決イメージが生まれることがあります。

このようなことは、読んだ文章そのままの内容ではありませんが、こうした自分の立場で思い出されたイメージや内容も、すべて書き出すようにしてください。

「すでに知っている内容」と思ったときこそ、成長のチャンス

読んだ本を振り返って思い出すとき、「知っている内容ばかりだった」という思い出しだけで終わらせないように注意しましょう。

書店で本を選んで買ってきたときは、事前に立ち読みである程度中身を見ているので、このように思うことは少ないかもしれません。

しかし、インターネットで見かけた本を買ったときや、他の人から薦められて買ったり、もらった本を読んだりしたとき、「知っている内容ばかりだった」と思うことがあっても不思議ではありません。

それは、あなたがすでに他の人より多くの知識があることの表れです。

このように思われたときは、すでに知っている内容に対して、これまでの自分の経験を振り返って、思い出したことを書き出してみましょう。

知っていたけどアクションには移せていなかったことや、アクションに移してみて新しく見えてきた課題など、思い出せることをどんどん書き出してみるのです。

すでに知っている内容に対して、初めてその内容を知ったときと比べると、より多くの経験を積んでいる状態になっていますので、初めてのときにはあまり重要だと思わなかった内容が、とても重要な内容だったことに気がつけることもあります。

初めてその内容を知ったときの自分よりも深い理解ができないか考えてみる、もしくは自分の経験と合わせながら、自分の言葉で説明するように書き出してみましょう。

「読んだ時間を無駄にした」と思うことなく、**すでに知っている自分を客観的に振り返り**

すでに知っている内容を見たときの反応

×　**思い出しだけで終わる人**

知っている内容ばかりで時間を無駄にしたと感じる

○　**自己成長を促せる人**

客観的に振り返りながら、新しい気づきを得ていこうとする

すでに知っている内容でも、新しい気づきを得て、自分を成長させるための行動イメージをつくれるかが重要になる

ながら新しい気づきを得ていこうとすることによって、さらに自己成長を促進させることが可能になるのです。

初めて知る内容でも、知っている内容でも、そこからどういった気づきを得て、自分を成長させるための行動イメージをつくれるかが重要になります。

すでに知っている内容であれば、今の自分に置き換えたとき、どういう応用ができるか考えられる余裕も生まれるはずです。

「知っている内容だった」という思い出しだけで終わらせず、改めて自分を高めていくキッカケにしていきましょう。

うろ覚えイメージを検索、確認する「1秒サーチング」

何が書いてあったかを思い出して書き出し切った、もしくは10～15分思い出し切ったら、次は思い出していたときに気になった箇所を確認してください。

書き出しているときに「本の前半部分に書いてあった内容が気になったんだけど、言葉で思い出せない……」といった、うろ覚えになっているイメージを明確にするため、それが書かれているところを一つひとつ探して、その内容を確認していきます。

1秒リーディングをやったときに付せんを貼った方は、そのページからチェックしていくのでもかまいませんので、確認するときはできるだけ速く探すことを心がけましょう。

読み直すのではなく、検索するように「見る」

もう一度読み返そうとするのではなく、うろ覚えになっている箇所や気になった箇所の内容を検索するような感覚で探していくようにしてください。

たとえば受験や資格試験の過去問や問題集などを解いているときに、「この問題、前にも解いたことがあったはずだけど、思い出せない」となった経験は皆さん、一度はあるのではないでしょうか。

そのとき、思い出すために参考書を見返すことになりますが、「前回調べたとき、このあたりに書いてあったはず」というアタリをつけて探すか、もしくは巻末のインデックスから関連しそうなページを探していたと思います。

それと同じ要領で、「書いてあったことは確かなんだけど、思い出せない」といううろ覚えのイメージから、本のどのあたりに書いてあったかアタリをつけながら探す、もしくは思い出すことができて書き出された言葉を頼りにインデックスや目次から関連ページを探していくのです。

そして、気になっていた箇所を見つけたら、その箇所と周辺の文章は普通のスピードで読んでください。その部分については無理に速く読もうとする必要はありません。

気になっていたところを確認したとき、思い出して書き出した内容と比較してみると、新しい気づきや閃きが生まれることがあります。その閃いた内容も書き出しておくようにしてください。


「気になったけど、うろ覚えになっているイメージの確認↕思い出して書き出す」を繰り返すように進めていきます。

このステップでは、うろ覚えだったイメージを確認するだけの作業で終わらないため、一つひとつ探していく作業は、なるべくスピード感を持って、速くするようにしてください。

「パラパラページをめくっている」姿を想像しながら実践してみましょう。パラパラと速くページをめくって「読む」のではなく、1秒でも速く「探す」意識を持ちながら見ていくようにしてください。

あわせて、この繰り返しをしているときに、「前に確認した内容、さっき確認したばかりなのに、忘れてしまった」となったら、すぐに再度見直してください。見直す時間を確保する意味でも探すときはスピードを優先しましょう。

何回も見直し、気になった部分を普通のスピードで読むことは問題ないのですが、「1秒サーチング」は、長くても15分以内で完了させるという意識を持って取り組んでください。

曖昧だけど頭に引っかかっているイメージを、より鮮明にしていくことにウエイトを置くのが肝心です。そのためには、時間の経過とともにそのイメージが薄れてしまう前に、繰り返し確認する必要があります。

検索、確認をしていくなかで、新しいことを考えつき、書き出したくなることもあるので、15分という長めの時間にしていますが、なるべく短時間で終わらせることを心がけましょう。

読む目的を明確にして読む必要はない

「最初から気になっていることを明確にしてから読んだほうが、効率よく読めるのではないか」と考える方がいらっしゃるかもしれません。実際、そのような手法の速読法があるからです。

ただ私は、**本を読む前にあらかじめ読む目的を明確にする必要はない**と考えています。そもそも論になりますが、自分が知りたい内容や目的が明確になっているならば、インターネット検索でその情報を調べるほうが、数多くの関連情報をすばやく引き出して、集中的に読むことができるからです。

インターネットが普及していなかった時代だと、本を使って調べることが主な手段でした。今の時代、情報を調べるために本を使うのは非効率的です。

電子書籍を使えば、目的をかなえるための明確な言葉で検索をかけて、関連ページのみを表示して読むことができます。「そもそも電子書籍（本）自体を全部読む必要はない」と、考えることもできます。

しかし、そんなことはありません。**本を読む目的は知識を得ることではなく、自分を進化させるために必要な行動イメージを得ること**です。ですから、レベルアップする前の自分が本を読む前に、検索したい言葉を明確にすることは不可能なのです。

私も過去に実践してみようと試みたことがあったのですが、読む前の段階で読む目的を明確にするために多くの時間がかかってしまい、本を読み始める前に挫折しました。

インターネットが普及した今の時代、本を読む意味は、むしろ「何を知ればいいのか?」、それに気づかせてくれるところにあります。


たとえば、お金に困っている人が『金持ち父さん貧乏父さん』を読もうとしたとします。このとき、もし「お金を稼ぐ方法が知りたい」ということを明確な目的だと設定して、その部分だけを読んだとすると、おそらく頭に残る情報は、不動産などを購入することで不労所得を増やす部分になります。

しかし、目的を明確にせず、あくまでもお金に困っている現状を何とかしたいという漠然とした思いのなかで本を読んでいくと、不動産などを買うことで収入が増える部分だけではなく、自宅や車を買うことで支出が増える部分にも目が向くようになります。

車を買うことを考えると、確かに本の中では「車=負債」とされているので、それが大衆車だとしたら支出が増えるだけになりますが、仮にフェラーリだとしたら値落ちしづらく、物によっては購入時よりもその希少性から価値が上がる場合もあり、必ずしも「車=負債」とはならないという視点もあるのです。

はじめから収入を増やすことしか考えていないと、このような視点は持ちにくいのですが、こうした視点が持てると、お金を稼ぐために本当に知るべきことは、お金の「稼ぎ方」よりも、むしろお金の「使い方」だということに気づくことができるのです。

はじめから特定の部分に着目して読まず、まずは全体を見渡して読むからこそ、本を通じた疑似体験をすることができます。

前々節の「『自己満足』よりも『自己成長』を優先する」で『失敗学のすすめ』や『バフェットの教訓』から、他人の失敗経験から学んで同じ過ちはしないことが重要だという引用文を挙げましたが、まさに他人の失敗経験を疑似体験できる場が読書です。

その**疑似体験と現在の自分を比較することによって「何を知ればいいのか」という気づきを得ることができ、より深く幅広い理解も得られるようになる**のです。

一つでも閃きを生み出す「1秒イメージング」

ここまでのステップをひと通りやり終えたら、翌日にもう一度その本を読んでいきます。

前日に読んだ本なので、一つひとつの文章をじっくり読む必要はなく、読書した内容を確認していくような感じで、読み進めていきましょう。

前日気になった部分の文章や付せんをつけているページがあれば、その箇所はゆっくり読んで、それ以外はスピード感を持って読んでいく、といった緩急をつけながら読み進めていただいてもかまいません。

できれば、速く読んで、思い出す力を鍛え、うろ覚えイメージを明確にする、というところまでを前日の夜寝る前に行い、翌朝の通勤時間などに読み返してみてください。

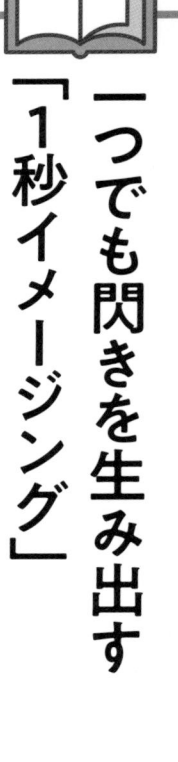

なぜ翌日に読み返すのが効果的かというと、これには脳の特徴が関係しています。

レミニセンスと呼ばれる現象があるのですが、これは記憶した直後よりも、一定時間が経過した後のほうがよく思い出せる特徴のことをいいます。

そしてこのレミニセンス現象は、睡眠と大きな関係があるといわれています。睡眠については科学的にまだ不明なことも多いのですが、睡眠中も脳は働いており、その日にインプットされたさまざまな情報を整理したり、記憶に定着させていたりすることがわかってきています。

そのため、寝る前のタイミングで1～2回本を読み、アウトプットや検索、確認ができると理想的です。

寝る前に一度読書をして情報をインプットし、翌日に読み返していくと、脳が思い出しやすい状態で、本を読んでいくことができますので、就寝前の読書をぜひ習慣化してみてください。

夜寝る前に1冊読書をして、翌朝の通勤時に再度読み返すのを習慣化するだけで、1年間で250冊近い本を読むことができる計算になります。

さらに、合計3回、繰り返し本を読むことによって、思い出すための労力も減っていき

思い出すための労力が減る

1 寝る前に1、2度読む

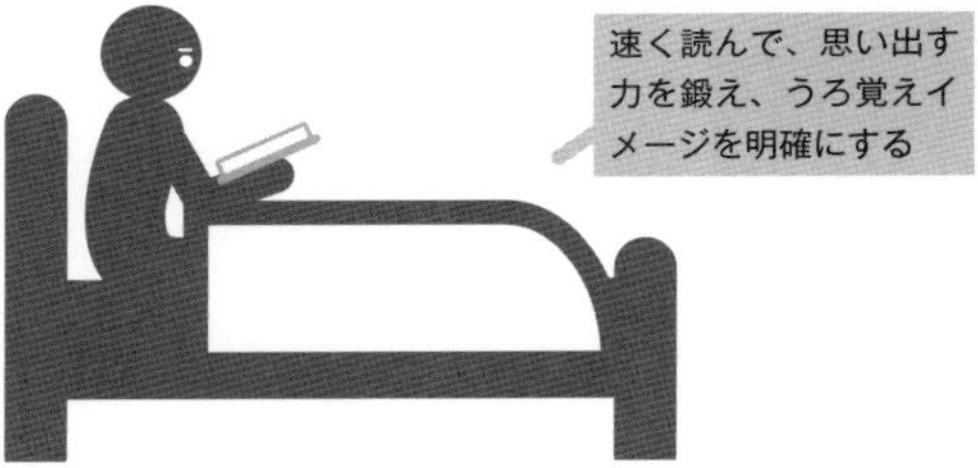
速く読んで、思い出す力を鍛え、うろ覚えイメージを明確にする

2 翌日に読み返す

脳が思い出しやすい状態で、本を読んでいくことができる

寝る前に2回、翌日に1回という間隔で
繰り返し読むと、
楽に思い出せる状態で本を読める

ます。

時間が経てば経つほど忘れていきますが、忘れる前に繰り返し反復して確認すれば、楽に思い出せる状態で本を読み進めることができますので、**寝る前に2回、翌朝に1回という間隔で繰り返し読む**ようにしましょう。

本から得た閃きで行動が変わる

思い出しやすい状態で本を読んでいくなかで、本の内容の定着度合いを高めていくと同時に、自分を成長させることにつながる気づきや閃き、キッカケを一つでも多く探していくようにしてください。

もちろんその一つの閃きは、1秒にも満たないほど瞬間的に起こるので、たった一文から生まれることもあれば、書き出された文章やイメージが化学反応を起こして生まれることもあります。どちらにしても、本の内容を完璧に覚えることより、たった一つでも閃きが得られることのほうが、社会人にとっては、本当の意味で本を活かせている状態になります。

たとえば、羽生善治さんが書いた『決断力』を読んでいくと、情報は得ることよりも「いかにして捨てるか？」のほうが重要だ、という主旨の文章があります。

投資関係の本などでも似たようなことがよく書かれているので、最初に読んだときはあまり気にならなかったのですが、しばらく時間を空けて、改めてその一文を読み返したときに、ふと「『情報＝物』と置き換えて考えたら、どうなるんだろう？」と思ったのです。

そして、物を持っている（＝情報で溢れかえっている）というのは、物を管理しきれない状態（＝情報に振り回される状態）になっているのだというイメージが思い浮かび、物を管理するには必ず時間が必要になることに気づいたのです。

そこから、金銭的なランニングコストよりも、時間的なランニングコストを計算しながら物を手に入れていくと、多忙な中でも時間を有効に使えると閃いたのです。

今でこそミニマリストという言葉が一般的になりましたが、その当時（２０１１年頃）はまだそういった考え方はあまり一般的ではなく、私自身も断捨離などには興味を持っていませんでした。ただ、これをキッカケに、金銭的な価値よりも時間的なコストの高さを優先して購入を考え、すでに持っている物も割に合わないものは処分するようになり、物の管理に費やしていた時間をさまざまな勉強の時間に充てていくことができるようになりました。

新しい観点や閃きが生まれると、興味や好奇心が湧く

後に独立して、たまたまカルビー株式会社の代表取締役会長兼CEOの松本晃さんの講演セミナーに参加する機会がありました。「ビジネスに関係のない資産は一切持たない」ことにしたそうで、絵画やゴルフ会員権など、金銭的な価値の有無は関係なく、すべて処分したとお話しされていました。

昔閃いたあの考え方は、一流のビジネスパーソンも実行していることで、あながち間違っていなかったんだな、とうれしく思いながら、その話を聞いていました。

今まで気にしたことがなかった、何か新しい観点や閃きが生まれると、人はそれに対して興味や好奇心が湧きます。

興味が出てくると、自然と「ちょっとやってみよう」とか「もっと知りたい」というよ

うに、次のアクションを起こすための原動力が生まれてきます。この原動力を「本×環境×経験」の掛け算の、環境を変えていくことと経験を積み上げていくことに活かしていくのです。

次の章では具体的に、どのようにして環境と経験の値を高めていけばいいか、説明していきます。

第4章

本の価値を最大化し、自身のスキルに変える

書き出した内容をネタに会話する

第3章を通じて、アクションに対する指針のイメージがつくられました。次はこれらを、自分をよりよくするための血肉に変えていきましょう。

インプットした知識や情報を実際に使っていくことで、それらの情報は自身のスキルに変わっていくわけですが、本を読んでいる段階で自分自身に置き換えて考えたときのイメージができていればいいのです。

そのようなときは、まず**本を読んで知った内容を他の人と話してみましょう。**

いざ、自分の言葉で話をしようとすると、本を読んでいるときにはあまり疑問を持たなかったようなところで、疑問を持ち始めることがあります。

もしくは話を聞いている相手から、疑問を投げかけられることもあります。

そこが、自分ではわかったつもりになっていたけれど、理解できていなかった箇所になります。

自分では理解できていると思っていながら、実は理解できていないということに、自分自身で気づくことは非常に難しいことですが、今まで理解できなかったことが理解できるようになれば、確実に成長できます。

なので、本の中でそのことが書かれている部分を再度確認してみると、より深い理解を得ることができるのです。

誰かと話す「シェアリング読書術」

記憶に関する本を読んだ後であれば、「最近、物忘れがひどくて……。何か対策していることってある？」と相談するように話を始めます。

相手が本に書かれていた内容を話してくれたら、反復学習することができますし、本に書かれていない内容を話してくれたら、それはさらに知識が広がることになります。

もし、「いや、確かに何も対策していないなあ」と返ってきたら、自分がインプットした知識や情報を「自分はこんなこと、やってるんだよね」と話していけばいいのです。

このように、相手が存在する状態で会話をしていると、相手の発する言葉をキッカケに、本を読んでいたときには気にならなかった部分で重要なところに気づけることがあります。


前に紹介した『金持ち父さん貧乏父さん』ですが、私がお金に困っていた時期、知人から紹介されたのをキッカケに初めて読みました。

ただ当時は理解力が乏しかったので、「お金を働かせて、お金を増やす」ことに関してはお金を稼ぐことにしか目は向きませんでした。

しかしその後、投資の先生と出会い、そのご縁でさまざまな方と会話をする機会が増えたのですが、そのとき、お金に関する話題になると、お金を増やす話というよりは、税金に関する話がメインになることが多かったのです。

投資の先生と最初に面談したときも、課題図書の提示とともに、稼げるようになる前に、税理士を見つけておくことの重要性を強調され、お金を稼いだり、増やしたりする話はあまりなかったのです。

ただ課題図書として「『金持ち父さん貧乏父さん』は必読」と話されていたので、すでに読んだことがある本だとは思いながらも、再度読み返してみることにしました。

すると「プロのスポーツチームが優秀なコーチをたくさんつけているように、お金も優秀なコーチをつける」と書かれている部分に目が留まりました。

優秀な弁護士、会計士、税理士といった、プロコーチを雇うことが重要だと、ハッキリ書かれていたのですが、最初に読んだときには「稼げるようになってからの話だろう」くらいに思ってしまい、重要だとは思っていなかったのです。

このように、自分だけで考えても気づけない重要ポイントについて、誰かと会話することによって、気づきのキッカケが得られたことは、私にとってはとても大きな経験となりました。

相手からの客観的な目線を入れることによって、自己成長の起点となる気づきやキッカケを得ることができるようになります。読んだ内容は周りにいる大切な仲間にシェアしてあげる気持ちで、どんどん話していくようにしましょう。

会話する相手がいないときの「マッチング読書術」

もし会話する相手がいない場合は、たとえばセミナーに参加してみたり、習い事を始めてみたり、自分が興味を持っている分野の会話ができる環境をつくるという方法もあります。

当然ながら、自分が興味を持っている分野の勉強をする場所なので、参加している人たちも、みんなそれに関して興味を持っています。

セミナーの懇親会などに参加すれば、同じ目的を持って学びに来ている仲間と交流することができ、遠慮なく興味のあることに関する会話ができるつながりをつくることができるようになるのです。

特に何か学ぶことを目的として読書をされている場合、習い事を始めることは、読書の効果を最大限に高めることにつながります。

同じ目的を持った仲間とのつながりができるので、モチベーションを維持しやすい環境をつくることができるというメリットもあるのですが、同時に、習い事を始めるということは、ある程度の期間、継続的に取り組める環境がつくられます。

ある意味で強制的に、継続的に取り組まざるを得ない環境ができるので、読書を含め、自然とそれらの取り組みが習慣化されていくのです。

今の時代、知識や情報を知るだけならば読書だけでも十分すぎる内容を知ることができます。

そうした習い事の場は情報をインプットするところではなく、読書によって身につけた知識を、自身のスキルアップにつなげていくための場所の一つだと考えると、それぞれのよさを最大限に引き出すことができます。

会話する読書術

誰かと話す「シェアリング読書術」

自分だけで考えても気づけない重要ポイントに、
誰かと会話することによって、
気づきのキッカケが得られる

話す相手がいないときの「マッチング読書術」

セミナーや習い事など、
自分が興味を持っている分野の
会話ができる環境をつくる

**読書によって身につけた知識を、
自身のスキルアップに変えていくために、
「会話」は必要な要素である**

書き出した内容をネタにブログやSNSを書く

前節では会話を通じて、インプットした知識を自分のスキルにするために環境を変えることについて説明しましたが、その他にも、読書をして書き出した内容をネタに、ブログやSNS、メルマガなどを書いてみるのも効果的です。

特にブログやメルマガは自分が好きなことを書くものなので、他の人とのコミュニケーションを取らずに一方通行で発信することができます。対面でリアルタイムで会話をする必要がありません。

「現状の自分」と「疑似体験」の比較を書き出す「バーチャル読書術」

読んだ内容をネタに、自分の言葉で文章化する必要が出てきて、それに対する頭の使い方をすることで、会話と同じように、読んだ内容を経験と結びつけながら、他の人にも理解できる説明を考えていくことができるのです。

たとえば、健康法の本で腹式呼吸に関する内容が書かれているとき、おそらくわかりやすくするために図版イラストが描かれているでしょう。

しかしブログ上で表現するとなると、それを言葉や文章で表現しなければならなくなります。

すると、たとえば「お腹とはおへそ周りのこと？　下腹部のこと？」といったような、イラストや言葉を見ているときには感覚的にしか理解していなかったことが、自分で文字に起こしてみようとするとわかってきます。

まさにこうした感覚的にしか理解していない部分、イラストに限らず、文章においても行間を読むような部分に対して目が向けられることによって、より深い理解が得られるようになるのです。

本を読む前の自分と、読んでアクションに移した後の自分をそれぞれ書き出してみるのも効果的です。

たとえば手帳管理に関する本を読んでいたとして、「手帳は100均のものを使うとよい」というところが気になったとしたら、実際に100均の手帳を使ってみて、使用前と使用後を比較するかたちでアウトプットしてみるのです。

比較してみることによって、「今までは革製バインダーの手帳を使っていたけれど、気軽には使えない気持ちがあったから、手に取る頻度が減って活用できていなかった」と、自分なりの理解を得ることができるようになります。

前節で「セミナーや習い事に行くことで会話のできる環境をつくる」というお話をしましたが、ブログのコメント欄などを公開しておけば、同じことに興味のある人がそのブログを見て、コメントやフィードバックをくれることをキッカケに、そういった場に行かずとも同じ環境ができる場合もあります。

直接会っているわけではなくても、同じことに興味を持っている仲間がいると思えるだけで、モチベーションも上がるでしょう。

いずれにしても、文章にしてアウトプットするときは、経験や周りの環境との比較、結びつきを意識しながら書き出していくと、より理解を深める思考が働くようになることを覚えておいてください。

行動を起こす「アクション読書術」

ブログやSNS、メルマガなど、文章に書き出すことを繰り返していると、文章力そのものも上がります。

パソコンやスマートフォン上のメモに打ち込むのとは違い、「他の人に見られるかもしれない」と思うと、おのずと第三者に対して説明するような意識で文章を書くことができるからです。

本を読んでいたときには、しっかり覚えたと思った内容であっても、自分の言葉や文章で説明しようと思って文章を書くと、曖昧に理解しているところが浮き彫りになることがあります。

それを明確にして、書き手の目線から再度本を読み返してみると、より深い理解を得ることができるのです。

そして書き出した内容を、同じ興味を持っている人が読んだときに「わかりやすい！」「参考になった！」となれば、その人の役に立てたことで、さらに勉強に対するモチベーションアップにつながります。他人に対して説明できるレベルで深い理解ができていることの表れにもなるでしょう。

私の速読教室の受講生で、ＷＥＢ制作の仕事をしている方がいたのですが、その方は第3章の読み方を実践しつつ、ＷＥＢ記事を書くことを通じてアウトプットをしてみたところ、他のメンバーが3か月で10記事くらい書いているところを、1か月で100記事を書き上げることができたそうです。

本に書かれていた内容をキッカケとして、過去や現在の自分を振り返り、気づいたことを書き出していったら、圧倒的なアウトプット力を発揮するような状況になっていたようです。

元々、アウトプット力の向上を期待して速読をやろうと思ったわけではなかったので、「うれしい誤算だった」と話していました。

小学生の頃に「遠足は、おうちに帰るまでが遠足です」と言われたものですが、読書もまったく同じで**「アクションを起こすまでが読書」**です。

インターネットが普及し、無料でいくらでも知識が手に入る時代に、お金を出して買った本というのは、あなたにとって何かしら特別な意味を持っている可能性が高いのです。「読むまでが読書」ではなく「書き出すまでが読書」と心がけてください。

書き出す読書術

比較を書き出す「バーチャル読書術」

経験や周りの環境との比較、
結びつきを意識しながら書き出していくと、
より理解を深める思考が働くようになる

行動を起こす「アクション読書術」

ブログやSNS、メルマガなど、
文章に書き出すことを繰り返していると、
第三者に対して説明する意識で
文章を書くことができる

**読書によって身につけた知識を、
自身のスキルアップに変えていくために、
「書く」は必要な要素である**

実験してみる、社会見学に出かける

第3章で、本を読み、その内容を書き出す際に、自分が行動したときをシミュレーションしましたが、今度は実際に、それをアクションに移してみましょう。

行動イメージができたのならば、「百聞は一見に如かず」ならぬ「百読は一見に如かず」です。

分野を問わず、環境と経験の部分をより高めていくためには、**「とりあえずやってみよう」と思って、本で読んだ内容を実践してみること**、これに尽きます。

たとえば、○○円から始められる資産運用というような本を読んだとしたならば、とりあえずその本に書かれているとおりに運用してみるのです。

もしいきなり実資金を動かすのが怖いと思う方は、デモ口座を利用して「運用したつもり」でもかまいません。

実際に運用する環境に自分の身を置いてみると、読んでいたときに想像していたイメージと同じ部分もあれば、自分が理解していた内容とのズレを感じる部分も出てきます。

そのズレを感じる部分を、再度本を読んで確認してみると、最初に読んだときとは違う理解が得られることもあれば、「考慮されていないと思っていた内容がきちんと書かれていた」と気づくこともあります。これこそがより深い理解が得られたということ、そのものになります。

もちろん本に書かれている内容に忠実に従うのに越したことはありませんが、できる範囲からでかまわないので、その現場に少しでも多く、自分の身を置くことが重要なのです。

本の舞台に行ってみる「クエスト読書術」

もし自分に置き換えた場合の行動イメージがハッキリと見えないときは、とりあえず本で書かれている場所に行ってみてください。

たとえば、『9割がバイトでも最高のスタッフに育つディズニーの教え方』を読んだとしたら、とりあえずディズニーの世界に行ってみるのです。

その本の中で、採用方法の比較例としてザ・リッツ・カールトンホテルの顧客サービスレベルの高さについて触れている部分があるのですが、それを読んだら、ホテルに泊まって、実際にそのサービスも受けてみるのです。

宿泊しなくても、カフェラウンジのサービスを受けるだけでもいいです。その現場に実際に行ってみることが大事なのです。

顧客サービスに関する内容を読んだ後で現地に行くと、接客やサービスのやり方に対して意識が向くようになり、本を読まずに行ったときには気にもしなかったところに目を向けることができるようになります。

このように、本を読んでいるときに思い描いていたイメージを実際の体感に変えることで、言葉からイメージに変換できる幅にさらなる広がりを持つことができるようになり、文章に対する理解力が高まるのです。

会いに行ってみる「アタック読書術」

著者に直接会いに行って、話を聞いてみるのもいい手段です。

著者が伝えたい意図や考えと、それに対する自分の理解が合っているのかを直接確認することができるからです。

1対1で会う必要はなく、著者がセミナーや勉強会で講演している話を聞きに行くだけで十分です。

もちろん、著者の意図が読者に対して正確に伝わるように、丁寧に丁寧を重ねて本は出来上がるのですが、本にはページ数という制限がありますし、著者に限らず、自分が無意識にやっていることを自分ですべて気づくことはなかなか難しいのが正直なところです。

直接著者から本に書かれている内容も含めて話を聞くことによって、自分の理解とのズレや、著者が無意識にやっていることがないか確認していきながら、より深い理解に落とし込むようにしましょう。

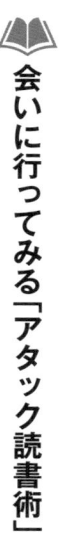

本の内容と自分とのズレを探る「マニュアル読書術」

第3章で紹介した、思い出した内容を書き出すときに、自分なりの言葉や、身の回りの環境に置き換えて書き出すことができた場合は、その書き出したイメージに沿って、とりあえずやってみていただいてかまいません。

もし思いつかなかったときは、本に書かれているとおり試してみてください。

たとえば、目標設定に関することが書かれている文章があり、そこでは「一つに絞ることが重要だ」と書かれていたけれど、「複数のプロジェクト案件を抱えているので、プロジェクトごとに一つの目標に絞るのでもいいか」と考えたとします。

そして、その考えに沿って目標設定したものの、当初思っていたイメージと違うような感じがしたら、本に書かれているとおり、本当に一つだけに絞るようにしてみるのです。

そうすると、はじめに本を読んでいたときにはイメージできなかったことを、経験を通じて目の当たりにすることで、そのズレを体感的に理解するとともに、それぞれを実践した結果の差を、新しい経験として積むことができます。

また、この経験を積んだうえで、「自分と同じように、複数のプロジェクトを抱えている場合は、どうやったらいいのか、書かれていないかな?」と確認してみると、それまで自分が理解できなかったポイントを探るという目線で本を読み返すことができるようになり、より効果的に理解を深めていくことができるでしょう。

もし書かれていない場合は、類書を通じてそれを探してみると、その答えが見つかることがあります。次節で説明していきますので、併せて取り組んでみてください。

分野を限定せずに、「本×環境×経験」を実行する

本で書かれている内容をアクションに移そうとすると、必然的に周りの環境を変えることになりますし、実際にやってみた経験は確実に積み上がっていきます。

そして、「本×環境×経験」の掛け算、それぞれの要素に当てはまる情報が、より多く、より複雑に組み合わされることによって、思いつきそうで思いつかなかった知恵をつくり出すことができます。

私自身が速読を習っていたとき、お金に関する分野の本をたくさん読んでいました。学んだ内容を実際にアクションに移してみるものの、それだけではなかなか結果は出ず、伸び悩む時期が続いていました。

当時、私は会社員で農業に関する分野のシステムを構築していて、よく農家さんのところに出入りする環境にいました。特にお金やトレードのことを考えていたわけではなかったのですが、農家さんが普段やっている仕事のお話をヒアリングしていたときに、ふと農業環境とトレード環境の共通項が見えたのです。

どちらも自分の頑張りがダイレクトに結果として反映されることがない世界だというところです。

時間の観点で見たときに、圧倒的に占める作業が「見回り」だというところも、トレード環境でいうところの「チャートチェック」と同じことで共通していると気がついたのです。

農作業で見回りをするとき、作物をずっと見ているわけではなく、ある程度成長してきたら、あとは作物の生命力に任せて育てていくのと、為替レートの値動きをずっと見ていても自分が保有しているポジションの損益に影響がないのは同じことなのではないかと閃きました。

実際に取り組んでみたら、頑張りどころと力の抜きどころのコツがわかるようになり、それまで「チャートチェックしている時間がないから結果が出せない」と悩んでいたことが一気に解消されたのです。

本節ではあくまでも本に関わる範囲での取り組みについて説明していますが、「本×環境×経験」の掛け算のうち、環境と経験の要素については、分野を限定せずに本と掛け合わせていくと、新しい発想が生まれやすくなります。

そういう意味では、本で書かれている内容を実践した経験も必要ですが、それを日常生活における身の回りの環境や過去の経験と照らし合わせてみることで、自己成長のキッカケがつかみやすくなることも知っておいてください。

出かける読書術

現地に行ってみる「クエスト読書術」

本を読んでいるときに思い描いていたイメージを実際の体感に変えることで、言葉からイメージに変換できる幅に広がりを持つことができる

会いに行ってみる「アタック読書術」

直接著者の話を聞くことによって、自分の理解とのズレや、著者が無意識にやっていることがないか確認していきながら、より深い理解に落とし込む

ズレを探る「マニュアル読書術」

本からイメージできなくても、本の通りに経験すると、自分とのズレがわかり、その経験が自身の成長につながる

本で読んだ内容を実際に実践してみることはもちろん、本の舞台に行ったり、著者に会ったりすることで、より深い理解が得られる

類書で「読み方フェーズ」をもう一度やる

ここまで説明した、読んだ本に対するアクションを起こしていくことによって、「本×環境×経験」の掛け算、それぞれの要素を高めていくことができます。

実際にアクションを起こしてみても、無理にその場で結論を出す必要はまったくありません。

それは本で書かれている説明の仕方が自分にとってイメージしづらいものだっただけかもしれないからです。

たとえば、「アジェンダ」と書かれている文章は、この言葉がよく使われる職場で働いているビジネスパーソンの方ならばイメージしやすいのでしょうが、そうでない人はイメージしづらいでしょう。

これが別の本を見たときに「議題」「話す内容」といった表現で書かれていたらイメージしやすくなる、となったとしたら、それはたまたま選んだ本が自分に合っていなかっただけだという結論にいたるわけです。

つまり、**1冊の本で完結させようとせず、いくつかの類書を見ていくことによって、このあたりの問題は解決されます。**

そのため第3章でやった「読み方フェーズ」を、類書で改めてやってみると、さらに理解力を高めることができます。

すでに読んでいる内容に関連した類書なので、共通して書かれている内容を繰り返し反復学習して、知識の定着を深める効果を生み出すことができますし、「すでにわかっている」部分が増えているので、速く読み進めることもできます。

それほど多くの時間を要さずに取り組めるので、アクションに移す労力も少なくて済むでしょう。

似たような本を読んでみる

さらに、期待できる効果はそれだけではなく、すでに1冊の本を読んだ後で類書を読むと、同じような内容であったとしても、そこで使われている言葉や切り口が変わることによって、表現方法が変わり、表現方法が変わることによって、1冊目に読んでいたときには気づかなかった部分が見つかることがあります。

経営マネジメント系の本で『ザ・ゴール　コミック版』があります。私は正直なところ、経営マネジメント系の本には興味がありませんでした。

しかし、書店で見かけたときにたまたま一緒にいた人が「その本、ベストセラーになった本のコミック版ですよ」と話していて、その当時「どんな本が売れるのか？」に興味があったので購入しました。そして実際に読んでみたら想像以上に面白く、興味が湧いてきたので、類書を読もうと思って調べました。

そこで同じ著者の『ゴールドラット博士のコストに縛られるな！』という本を見つけて、読み始めました。

この本では前半部分で『ザ・ゴール』の復習のような内容が書かれているのですが、その中で内容に関する例題が出題されているのです。

いざ自分で解こうとすると、「あれ？　これってどう考えればいいんだっけ？」という部分が出てきて、理解したつもりでいたけれども、実践に落とし込めるレベルには至っていないポイントが顕在化してきたのです。

さらに、回答を読み進めていくと、問題で出している数字データは、あくまでもすべてが正しいという前提にしているけれど、実際の現場ヒアリングで調べることのできる数字はごまかしが入っていると思ったほうが無難といった、実際の現場に当てはめるときの注意点などがプラスアルファで書かれていました。

つまり、同じ話が書かれていても、それが小説（私が読んだのはコミック版ですが）の表現で読むのと、問題形式の表現で読むのとでは、文章から受けるイメージが変わるので、違った気づきを得ることができるようになるのです。

2冊を読み比べる

また、同じ内容が書かれていても、書き手の立場が違うことによって、学べるポイントが変わることがあります。

『伝説のトレーダー集団 タートル流投資の魔術』は、タートルズと呼ばれる投資常勝軍団にいた著者が、トレード手法など、軍団のすべてを明かすといった主旨で書かれています。

そしてもう一冊、『小次郎講師流 目標利益を安定的に狙い澄まして獲る 真・トレーダーズバイブル』は、タートル流に従ったトレード手法について書かれています。

どちらも同じ手法について書かれているのですが、『タートル流投資の魔術』は実際に現場で活動していた著者が書いているのに対して、『真・トレーダーズバイブル』は投資教育を専門にしている著者が書いているところに違いがあるのです。

『タートル流投資の魔術』は、物語のように著者が体験してきたことに沿って手法が説明されているので、投資マインドのことが頭に残りやすい文章になっています。

それに対して、『真・トレーダーズバイブル』は著者が初心者の方々に普段教えているように、「何をすればいいのか？」がわかるように書かれているので、テクニックのことが頭に残りやすい表現になっています。

このように、著者の視点の違いから、同じ内容に対する説明であっても、表現方法の違いが生まれ、文章に対する理解に差が生まれることがあるのです。

もちろん、類書とはいえ、違う本を読むわけですから、他の本には載っていないような新しい情報や、あまり見かけないような意見や論調が見つかることもあります。

それをまた知ることで、知識や考え方の幅が広がり、そこから成長につながる行動イメージをつかむキッカケを得ることもできるでしょう。

新しい視点を探すという目線で、すでに知っていると思っている分野の類書を読んでいくことも、本の価値を最大化するためには非常に有効なのです。

終章

読書のスキルで、人生が変わる

本を読むストレスがなくなり、人生の選択肢が広がった

文章を速く読むことで、仕事やプライベートでどのような効果があるのか、私がこれまで指導してきた生徒さんの事例を交えながら紹介していきます。

30代でエンジニアをしている方が私のところを訪れました。

過去の私と同じく、日々の仕事が忙しくて本を読む時間を取ることが難しく、そのうえ、活字嫌いだったので本をまったく読まなかった方でした。

速読に興味はあったものの、なかなか信頼できる講師が見つからず、実際に学ぶまでにはいたらなかったそうです。

そして、たまたま仲間のつながりから私を知って、実際に速読を学び始めることになりました。

速く読む習慣づけをしていった結果、今までまったく本を読んでいなかったのが、毎日本を読む生活に変わりました。

その方が言うには、実際に速く読むことを繰り返していくことで、まず1冊を読み切る

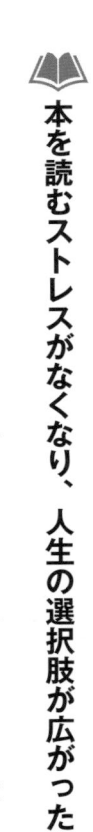

ことができることへの満足感が大きくなり、「内容を覚えている」「覚えていない」は関係なく、「まず読んでみよう」と思うようになったそうです。

そして、今まであまり読まなかったような本が書店で目に留まることが増え、そうした本を「とりあえず読んでみよう」と思えるようになったことで、考え方に対する幅が広がったことも大きな変化だったようです。

このように、**速く読むことによって、本を読むことに対してストレスがなくなる**という感想を話す生徒さんはとても多いです。

ある大企業で役員をしている方も、それまでは難しそうな本や分厚い本を見ると、読む気が失せることも多かったけれど、それが「とりあえず読んでみよう」という気持ちに変われたことはとても大きかった、と話していました。

かなり知識が豊富で、広い見識を持たれている方だったので、正直私に教えられることはないような気がしていました。しかし、そのような方でも本を読むことに対してストレスを感じる部分があったことを知り、本を読むということは、知識がたくさんあれば読めるという単純なものではなく、「本×環境×経験」の掛け算の結果を、より高いものにするためにやることなんだな、と私自身もこのときに勉強しました。

ある試験を受けるために速読に興味を持った方は、速く読む習慣をつけて、結果的には**当初受験しようと思っていたランクよりもワンランク上の試験に合格できた**そうです。

もちろんご本人はそのことに対するうれしさも話されていたのですが、それ以上に、「速く読む習慣が身についていなかったら、おそらく一生読むことはなかった、と思うような本を手に取ることができるようになり、知恵を生み出すうえでの基礎となる力を身につけることにつながった」ことを大変うれしく思われていました。

このノウハウは試験が終わった後も、生涯活かしていけるものになるからです。

このような感想を述べられている皆さんに共通しているのが、**速く読むことによって何かを覚えようとか、知識を増やそうとしているのではなく、自分の見識が高まることに価値を置いている**ことです。

確かにたくさんの本を速く読んで知識の量を増やすことも重要ではありますが、いくら知識を増やしても、それを知恵に変えていかなければ、他人の書いた知識をなぞり、自己満足感を得るだけで終わってしまいます。自己満足感だけではおそらく本を読む習慣は遅かれ早かれ、なくなってしまうでしょう。

本から得た知識を知恵に変えていく、つまり「本×環境×経験」のそれぞれの要素を高めていくことで、読みたい本を見つけようとする意欲も出てきますし、環境が広がり新しい経験を積み、より広い世界が見えてくることによって、もっと読もうと積極的に思い続けることができるのです。

集中力が持続するようになって、年収アップできた

独立して事業を立ち上げるにあたって、勉強しておかなければならないことがたくさん出てきて、本を読む必要が出てきたという女性がいました。

事業立ち上げとなると、やるべきことはたくさんあり、多忙を極める状態なので、本を読む時間がなく、短い時間でも本が読めるようになりたいということでした。

彼女は元々、普段からそれほど本は読んでいなかったそうで、最初は「速く読んだら全然覚えられないけど、大丈夫なのかな」と不安を持ちながらも、速く読むことを習慣にし

ようと意識していたそうです。

そして書店に行ったときに、自分が興味のあるカテゴリの本棚にある本を、気づいたら全部読み切っていたことに気づき、ご自身も驚かれたという経験を話していました。

もちろん「読みたいと思う本を読んでいた」という興味喚起の強い環境も、それができた要因かもしれませんが、それ以上に、**速く読むことが癖になって、集中力が切れる前に次の類書を読むというサイクルをうまく回すことができた**からこそだったのでしょう。

このように集中力が高まるのは、そもそも速く読むかどうかは関係なく、読書そのものによるところが大きいのかもしれません。

本を読み切ること自体、とても集中力を必要とする作業です。

過去の私を含め、集中力がない人にとっては、集中力が切れる前に速く読み切る習慣をつけることで、徐々に本を読むこと自体に慣れ、同時に集中力も自然と養うことができるのは、とても有効な効果を得ることになります。

ある20代のビジネスパーソンの方も、速く読む習慣を継続したことによって集中力が上がったと話していたのですが、それを仕事の勉強だけでなく、**調査作業や資料の確認チェ**

ックなどに活かし、仕事のレベルが格段に上がったそうです。

そして生み出した時間を活用して自己研鑽に励み、最終的には転職して基礎年収が2倍になったそうです。

その他、昇級や独立、起業、転職といった流れで年収アップできた方は数多くいらっしゃいます。仕事への活かし方は仕事内容によって変わりますが、その根底にある集中力を鍛えつつ、自分のレベルを上げていくことができれば、それは然るべき結果になるのです。

また「仕事の流れの先読みができるようになった」と話す受講生もいました。

コンサルタントの仕事をしている方でしたが、たとえばクライアントの業務の流れを把握しているときに、まだヒアリングしていない業務がどのような流れになっているのかが見え、どこに問題があるのか、といったことを予測できる場面が増えたそうです。

ある程度予測する目線を持ちながら仕事を進められることで、その予測に基づいて必要となる作業の準備を3~5割くらいしておけるので、精神的な余裕を持ちながら仕事ができるようになります。

作業指示を受ける段階で、すでに準備が整っている状態となるので、結果として「仕事が速い人」になることができるのです。
これは、「一つでも多く思い出して情報を引き出せるように」と思いながら速く読むことによって、概観を捉えようとする意識が生まれたことが要因です。「全体を捉えよう」と思いながら、繰り返し速く読んでいることで、その概観を見る（イメージする）力が養われたことが、このことに波及していたのです。この波及は、「汎化」と呼ばれる脳の特徴による影響と考えられますが、汎化については次の事例とあわせて、もう少し詳しく説明いたします。

いずれにしても、今の時間を少し先行投資する気持ちで速く読む習慣に充てるだけで、近い将来の時間を節約、もしくはその時間をより有効に活用できるようになると考えると、これほどコストパフォーマンスの高い投資はないでしょう。

時間を有効活用できるようになって、ゆとりのある人生になった

ある30代のビジネスパーソンの方は、それまで隙間時間を活用することがあまり得意で

はなかったそうです。

しかし、速く読むことが習慣になり、スピード感に対する意識が変わってきたことによって、**隙間時間を有効に使えるようになった**そうです。

そして隙間時間はそれほど長い時間ではないので、集中力を維持する負担も少なく、とても効率よく物事に取り組めるようになったと話していました。

また元々速読に興味はあったけれど、やりたいことの中での優先順位が上がらず、そんなときに「速読」を極めることよりも「速読を活かすこと」を極めることに重きを置いている私の考えに共感して指導を受け始めた50代の男性がいました。

この男性は、資格試験に合格するといった、明確な目的があったわけではなかったものの、「自分を変えたい」という自己成長に対する強い思いがあったようです。

そのキッカケとして速く読む（読書）習慣づけを始めたのですが、しばらく続けていくうちに、余裕を持てる時間が増えていることに気づき、仕事を早く終えて、家族と過ごす時間をしっかり確保して、精神的な余裕を持てるようになるといった好循環のサイクルになったそうです。

お二人に共通しているのが、時間に対する、よりよい変化があったということです。

速く読む習慣がついてくると、時間に対する感覚が敏感になります。

脳には先ほど触れた「汎化」と呼ばれる特徴があるからです。これは「ある能力が伸びると、それに伴い関連する能力も伸びる」という特徴です。

この事例でいうと、速く読もうとする意識を持つことで、自然と時間に対して意識が向くようになります。

そして「より速く」という思いを持っていると、時間に対する感覚は必然的にシビアになり、それは読書という限定された範囲ではなくなるので、時間そのものに対して波及していくのです。

隙間時間を有効に活用できるようになったのは、厳密にいうと隙間時間に気づけるようになったから、有効に活用しようと思うことができたのです。

見方を変えれば、時間に余裕を感じられるようになった、と見ることもできます。

「時間に余裕がある」と思えると、精神的な余裕もそこから生まれやすくなります。

よくスポーツの世界で平常心で戦うことが重要だといわれますが、ビジネスでもそれは同じことで、過度な緊張や焦りがなく、精神的な余裕を持ちながら仕事ができると、より高いパフォーマンスを発揮しやすくなるでしょう。

そしてその「汎化」を起こす起点は、「速く読む」ことであり、本をたくさん読み、反復学習の定着度を上げることが根底にあるので、知識面からも精神的な余裕を生みやすい環境がつくられているのです。


私の指導を受けた後で「自分に自信が持てるようになった」とおっしゃる方が多くいます。

速く読む習慣を続けていくなかで、本を読み切れる達成感や、書いてあった内容を思い出したときに「速く読んでいる割には、結構思い出せるようになった」という実感が出てくることで、自分の持っている可能性が認識されやすくなり、自信が持てるようになる、といった心理的な変化が起こるからです。

こうした変化も、「余裕を持つ」効果を高めることにつながっているのでしょう。

難関資格試験に合格でき、理想のフィールドが手に入った

「速く読む」ことに興味を持たれる方で、多くの人が目的として持っているのが「試験対策」

です。もちろんそのような場面でも、速く読むことは大きく活かせます。

過去に、とある資格試験対策塾で、速読のカリキュラムを必須科目として2年ほど試験的に導入していただいたことがありました。

結果としては、導入前より合格者数が増え、より難易度の高いランクの試験合格者を2年続けて輩出するなど、大きな変化があったそうです。

そのとき、「速く読む」ことがどのように寄与したのか聞いてみると、「試験中の時間の使い方にある」と話していました。

もちろん反復学習による記憶定着や集中力向上の部分も大きく寄与していたのですが、少ない試験時間の中で、問題文を読み解きながらも、見直す時間をしっかりつくれるようになったことが、他の受験生と比べて大きなアドバンテージになったそうです。

逆の発想で、基本的に問題文は日本語で書かれているのだから、速く読める力が重要だと思って、大学受験を控えている生徒さんが私のところを訪れました。

そして速く読む習慣づけを繰り返していったところ、それを始める前まで、第一志望の難関国立大の合格判定はE判定（合格可能性20％以下）だったものが、半年ほど続けたところでA判定（合格可能性80％）に激変したそうです。

「大学の受験生は、若いからでは……?」と思われる人もいるかもしれませんが、主婦で子育てをしている方でも、育児をしながら、わずかな限られた時間の中で合格率10%台の難関国家試験に合格しています。また、不定休で多忙な仕事環境で勉強時間の確保が難しい方でも、同じ難易度の国家試験に合格できたそうです。

つまり、年代や自分が置かれている環境と、速く読む習慣によって得られる効果に関連性はなく、誰でもその効果を得ることができることを、これらの結果が示しているのです。

数多くの方々が、速く読む習慣を持つことによって、自分がやりたいことができる環境を手にして、自分が望む人生を楽しんでいます。

もちろん、試験対策といったわかりやすい目的がなくても、その環境を手にすることは可能です。

5年前、ある会社員の方が私のところを訪れました。

彼は1年間ほど、速く読む癖づけをしていたものの、「やる前よりはマシになったけど、そんなに変わった感じもないような」といった、はっきりしない感じのまま、一度私の元を去っていきました。

しかしその2年後、彼は私のところに戻ってきました。

「憧れであり、希望していた花形部署に異動できることになりました！」と報告に来てくれたのです。

速く読むことの効果を感じられないと思いながらも、継続的に速く読む習慣は続けていたそうです。あの当時は気づけなかったけれど、確実にその効果は出ていたそうで、私の元を去った後にもかかわらず、わざわざ報告しに来てくれたのです。

こういったケースは度々あるのですが、「本×環境×経験」のうち、「環境」と「経験」の部分を高めるのに、分野的に時間を必要とするような内容だと、その効果が表に見えるまでにタイムラグが生じることがあります。

しかし継続的に速く読むことを習慣化することによって、徐々に「環境」と「経験」の部分を高めるために必要とする時間が生み出されます。

そして、**「本×環境×経験」のそれぞれの値が高まることによって、最終的には自分が理想とするフィールドで活動できるようになる**のです。

やること自体は、速く読むだけですが、その読み方を正しく実践することによって、視野が広がり、新しい知恵を生み出し、「やってみたい」と思う積極的な感情が生まれ、行動力をアップさせることができます。

仮に毎週日曜日の夜に1時間の読書をやって、翌朝もう一度読む、といった習慣だけでも、1年で考えれば50冊以上の本を3回以上読み込めます。

それだけの冊数であれば、読んだだけでも知識レベルでは十分すぎる量をインプットできるでしょう。

さらに「本×環境×経験」の結果を高めていこうとすれば、どんな分野でも一定レベル以上の結果は出せるスキルを身につけることができます。

もちろん、これは今の自分のレベルが高くても低くても、レベルに合った本は必ず存在しますので、誰でも、いつからでもすぐに取りかかれることになります。

速く読むためにやることも、あなたがすでにできることです。

読む本が必ず存在して、読む技術もすでに持っているのだとしたら、あとは「社会人の読書術をやる」と決断するだけです。

「週に1度、1時間だけ速く読む習慣を取り入れる」と決めるだけで、人生がよりよい方向に変わっていくと考えれば、これほど費用対効果の高い時間投資はないでしょう。

おわりに

かつて私が速読教室に参加していたときに、先生がよく話されていた言葉があります。それは、「いくら文章を速く読めたところで、それを社会に還元しなければ何も意味がない」というものでした。

当時の教室では、賞を取ることを目的として速読を極めようとトレーニングしていた受講生が多かったそうです。実際、大会の成績上位者を見ると、私がいた教室の受講生が必ず数名は入っていました。

速く読むことが目的になってしまうと、ただ脳トレを極めているだけで、本も読まず、仕事にも活かさず、読書速度だけを追求する状態に陥ってしまっていた方もいたそうです。

幸いにも私は課題図書を読み切ることが目的でしたので、そのままでは絶対にお金にならない読書速度を追い求めるようなことはありませんでしたし、ましてや、大会に出ることなど、まったく考えてもいませんでした。

さっさと課題図書を読み切って、稼ぐ力を身につけたい一心で取り組んでいたので、身につけた速く読める力を活かして、いかにスキルを磨き、自分を高めていくかを自然に考えることができたのだと、当時を振り返って思います。

今回はじめて速読ではなく、読書に主眼を置いた本を書きました。本というかたちで諸先輩方が残してくれた知見を、速く読む技術を通して、一人でも多くの方に最大限に活用してもらいたいと思ったからです。

ネットで知識が蓄積できる今、本の役割は知識を調べることから、よりよい人生を送る知恵を生み出すために必須なツールに変わると私は考えています。まったく本を読まずにネットばかり見ていた私が、今ではむしろネットよりも本を見ている時間のほうが長くなりました。すでにそれを強く実感しています。

本書の読書術を実践したことで、あなたの人生をより豊かにする知恵が一つでも生まれ、それが社会に還元されるとしたら、著者冥利に尽きます。

末筆となりましたが、担当編集者の武井康一郎さん、出版コーディネーターの小山睦男さんに心より感謝を申し上げます。お二人がお忙しい中、札幌まで駆けつけてくださり、叱咤激励をいただいたおかげで、完成まで至ることができたと思っています。本当にありがとうございました。

また、私に速読を教えてくれた先生をはじめ、私が運営する速読教室の講師陣、国内外の受講生、修了生の皆さん、読者の皆さん、本当に多くの方々に支えていただいているおかげで、こうしてまた新たな出版の機会をいただくことができました。感謝を申し上げるとともに、今後もさらなる皆さんの自己実現力向上に貢献できれば幸いに思います。

そして約7年半前、私が速読の決定戦に出場するときに、別の予定があったにもかかわらず、会場まで駆けつけて表彰まで見届けてくださり、その後、受講生第1号にもなってくださった竹井佑介さんに、改めてこの場を借りて感謝を申し上げます。

最後に、陰ながら常日頃、私を支えてくれている家族をはじめ、メンターの青山聡一郎さん、服部遣司さんにも最大限の感謝の気持ちをこの場でお伝えできればと思います。

皆様、いつも本当にありがとうございます！

角田和将

2018年3月

●『9割がバイトでも最高のスタッフに育つ ディズニーの教え方』福島文二郎著、KADOKAWA
●『脳が認める勉強法』ベネディクト・キャリー著、花塚恵訳、ダイヤモンド社
●『新版　あなたもいままでの10倍速く本が読める』ポール・R・シーリィ著、神田昌典監修、井上久美訳、フォレスト出版
●『史上最強の投資家バフェットの教訓』メアリー・バフェット、デビッド・クラーク著、峯村利哉訳、徳間書店
●『金持ち父さん貧乏父さん』ロバート・キヨサキ、シャロン・レクター著、白根美保子訳、筑摩書房
●『中澤の難関大攻略徹底英語長文読解講義』中澤一著、桐原書店
●『SPRINT 最速仕事術』ジェイク・ナップ、ジョン・ゼラツキー、ブレイデン・コウィッツ著、櫻井祐子訳、ダイヤモンド社
●『蜘蛛の糸・杜子春』芥川龍之介著、新潮社
●『伝説のトレーダー集団 タートル流投資の魔術』カーティス・フェイス著、飯尾博信、常盤洋二監修、楡井浩一訳、徳間書店
●『小次郎講師流 目標利益を安定的に狙い澄まして獲る 真・トレーダーズバイブル』小次郎講師著、パンローリング
●「プレジデント別冊 時間半分成果5倍の勉強法」2010年7月1日号、プレジデント社
●「プレジデント」2012年8月13日号、プレジデント社
●「週刊ダイヤモンド」2015年10月17日号、ダイヤモンド社
●「速読は実は不可能だと科学が実証」ライフハッカー[日本版]、2016年2月19日配信
https://www.lifehacker.jp/2016/02/160219speed_reading.html
●「香りから生まれる、『癒し』と『集中力』。」全日本コーヒー協会、2011年5月27日配信
http://coffee.ajca.or.jp/webmagazine/health/doctor/health69-2

参考文献(順不同)

- 『「最速で考える力」を東大の現代文で手に入れる』相澤理著、KADOKAWA
- 『記憶力を強くする 最新脳科学が語る記憶のしくみと鍛え方』池谷裕二著、講談社
- 『世界記憶力グランドマスターが教える 脳にまかせる超集中術』池田義博著、ダイヤモンド社
- 『もし高校野球の女子マネージャーがドラッカーの「マネジメント」を読んだら』岩崎夏海著、ダイヤモンド社
- 『ザ・ゴール コミック版』エリヤフ・ゴールドラット、ジェフ・コックス原作、岸良裕司監修、ダイヤモンド社
- 『ゴールドラット博士のコストに縛られるな!』エリヤフ・ゴールドラット、村上悟、三本木亮著、ダイヤモンド社
- 『社会人のための情報解釈力』齋田真一著、産業能率大学出版部
- 『速読の科学』佐々木豊文著、光文社
- 『読書の技法 誰でも本物の知識が身につく熟読術・速読術「超」入門』佐藤優著、東洋経済新報社
- 『7つの習慣』スティーブン・R・コヴィー著、ジェームス・スキナー、川西茂訳、キングベアー出版
- 『ウォートンスクールの意思決定論』ステファン・J・ホッチ、ハワード・C・クンリューサー著、黒田康史、大塔達也訳、小林陽太郎監訳、東洋経済新報社
- 『16万人の脳画像を見てきた脳医学者が教える「脳を本気」にさせる究極の勉強法』瀧靖之著、文響社
- 『天才が語る サヴァン、アスペルガー、共感覚の世界』ダニエル・タメット著、古屋美登里訳、講談社
- 『フロー体験 喜びの現象学』M・チクセントミハイ著、今村浩明訳、世界思想社
- 『情報を「お金」に換える シミュレーション思考』塚口直史著、総合法令出版
- 『速読日本一が教える 1日10分速読トレーニング』角田和将著、日本能率協会マネジメントセンター
- 『失敗の本質』戸部良一、寺本義也、鎌田伸一、杉之尾孝生、村井友秀、野中郁次郎著、中央公論新社
- 『失敗学のすすめ』畑村洋太郎著、講談社
- 『決断力』羽生善治著、KADOKAWA
- 『人を動かす　新装版』D・カーネギー著、山口博訳、創元社